集合住宅のインフィル改修

インテリアの新技術

公益財団法人 建築技術教育普及センター編
集合住宅のインフィル研究会 編著

表層インフィル

下地インフィル

躯体(スケルトン)

井上書院

はじめに

　本書は、既存の集合住宅のインフィル（内装や設備）の改修について、実例にもとづき、具体的な手法を説明したものである。実際にインフィル改修をビジネスとして行っている実務者の方を中心に執筆いただいた。都市部を中心に多くの人が集合住宅に住んでおり、今後、共用部分や専有部分を改修して、快適に住み続けることが求められている。日本の住宅の寿命は短いと指摘されることが多かったが、これからは適切に維持管理を行うと同時に、時代の変化に合わせて的確に改修を行うことも必要になる。まだわが国では未成熟の集合住宅のインフィル改修について、現状の課題とその解決策について、歴史的経緯や国内外の先進的な取組みを視野に入れて解説することが本書の目的である。

　第1章「集合住宅のインフィル改修」では、まずマンションなどの既存の住宅ストックを快適に住み続けることができるものに改修することの重要性を指摘している。そのうえで、改修技術の課題や、新しい工法の開発について海外の事例も含めて述べている。

　第2章「居住者の視点に立った日常生活の中のインフィル」では、居住者の視点に立って、快適で安全で、しかも性能の高い居住空間をつくるための具体的な手法について解説している。

　第3章「スケルトン・インフィル方式で取り組む住まいのストック改修」では、スケルトン・インフィル方式が集合住宅の既存ストックの改修にも活用できることを説明したうえで、改修工事のねらいと構法について系統的な解説を行っており、後半では実際の改修工事の事例を紹介している。

第4章「インフィル更新の新技術」では、民間集合住宅のインフィル更新ビジネスとして近年、成功を収めている先進事例を取り上げ、そのビジネスの各フェーズでさまざまな関係者が繰り広げる具体的な対応策を説明し、インフィル更新ビジネス成功のための10のキーポイントを解説している。

　第5章「インフィル改修を大工が担う」では、集合住宅の内装工法が省力化のため、大工の仕事を減らしてきた過程を振り返るとともに、再度、大工の仕事を蘇らせて、豊かな住環境を生み出す方法について提案している。

　第6章「給排水衛生・換気設備の変遷と診断・改修」では、既存の集合住宅の改修における給排水衛生・換気設備工事を解説している。設備種別ごとに歴史的な変遷を説明したうえで、集合住宅の建設年代別に、配管や設備機器の劣化診断の方法やその改修方法について説明している。

　本書は、集合住宅のインフィルのつくり方について、これまでの発展の経緯を体系的に述べると同時に、種々の新しい提案を行っている。設計者や技術者の方々、マンションのリフォームを検討されている所有者や居住者の方の参考になることを願っている。

平成26年3月

　　　　　　　　　　　　　　　　　　集合住宅のインフィル研究会
　　　　　　　　　　　　　　　　　　　　　南　　一　誠

執筆者一覧

集合住宅のインフィル研究会

南　　一誠	芝浦工業大学工学部建築学科教授
安達　好和	芝浦工業大学客員教授
近角　真一	㈱集工舎建築都市デザイン研究所　代表取締役
川崎　直宏	㈱市浦ハウジング＆プランニング専務取締役　東京事務所長
安孫子義彦	㈱ジエス　代表取締役
内山　博文	㈱リビタ　常務取締役
櫻井浩一郎	㈱インテリックス空間設計　業務部部長

集合住宅のインフィル改修──目次
～インテリアの新技術～

1　集合住宅のインフィル改修 ───────────── 9
1.1　集合住宅の現状と課題 ──────────────── 9
1.2　集合住宅のインフィル改修の実態 ────────── 10
1.3　居住者が主導する改修 ──────────────── 14
1.4　インフィル改修の課題 ──────────────── 16
1.5　持続可能性の高い都市型住宅 ───────────── 23

2　居住者の視点に立った日常生活の中のインフィル ─── 29
2.1　インフィルの一般化 ───────────────── 29
2.2　インフィルの位置づけ ──────────────── 30
2.3　インフィルの層別機能 ──────────────── 30
2.4　居住空間のデザイン階層 ─────────────── 32
2.5　空間嗜好の分類 ─────────────────── 34
2.6　空間嗜好の変化 ─────────────────── 35
2.7　ライフステージによる生活空間の変化 ────────── 37
2.8　リノベーションをするための施工の実態 ───────── 38
2.9　快適安全な空間の実現 ──────────────── 40
2.10　ベースインフィルと表層インフィルのコラボレーション ─ 49
まとめ ──────────────────────── 50

3　スケルトン・インフィル方式で取り組む住まいのストック改修　51
3.1　スケルトン・インフィル方式 ───────────── 51
3.2　住棟レベルで取り組むスケルトン改修 ────────── 53
3.3　住棟レベルで取り組むクラディング改修 ───────── 56
3.4　住戸レベルで取り組むインフィル改修 ────────── 59
3.5　求道学舎リノベーションにみる改修技術 ───────── 64
3.6　一棟丸ごとリノベーションビジネス ─────────── 70
3.7　マンションの住戸買取り再販ビジネス ────────── 75

4 インフィル更新の新技術 — 83
はじめに — 83
4.1 「インテリアリフォーム」から「インフィル更新」へ — 83
4.2 インフィル更新の展開 — 87
4.3 インフィル更新における10のポイント — 91
まとめ — 104

5 インフィル改修を大工が担う — 109
5.1 同潤会アパートメント時代のインフィル — 109
5.2 同潤会時代のインフィルモデル — 111
5.3 日本住宅公団の黎明期 — 113
5.4 内箱の思想から省力化へ向かう時代 — 115
5.5 公団初期のインフィルモデル — 116
5.6 その後内装工事の世界で起きた大きな変化 — 117
5.7 最新型インフィルモデル — 120
5.8 集合住宅のインフィル構法の変遷のまとめ — 122
5.9 木下地合理化工法 — 123
5.10 大工のどのような能力に期待してシステムを組むか — 124
5.11 大工が主役となる仕上げのイメージ — 125
5.12 仕上材の組合せによるバリエーション — 127

6 給排水衛生・換気設備の変遷と診断・改修 — 129
6.1 集合住宅の給排水設備等の変遷 — 129
6.2 設備の診断 — 140
6.3 専用設備の改修 — 145
6.4 共用設備の改修 — 150

1 集合住宅のインフィル改修

1.1 集合住宅の現状と課題

日本の住宅ストックの約4割は共同住宅であり[1]、そのかなりの部分を占める区分所有マンションの老朽化が進んでいる。今後、更に経年が進んだ住宅が増加すると予想され、適切に維持管理し、修繕・改修工事を施さないと廃屋同然になる可能性がある。すでに管理費が滞納され、空室が目立つマンションも現れている。外から見ると健全に見えるマンションでも、入居者の高齢化、独居化が進み、住まい手の人間関係が変化し始めている。

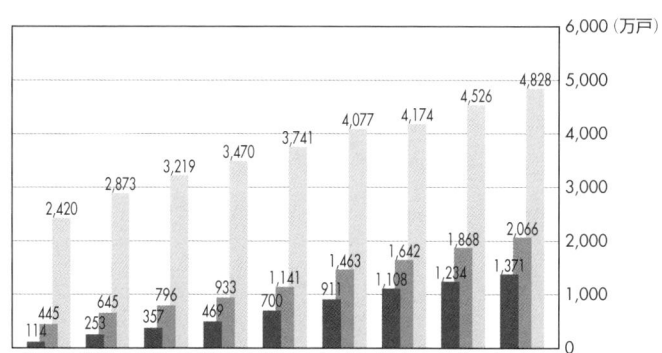

図1.1 住宅の総戸数と共同住宅の戸数
(原出典:住宅・土地統計調査。国土交通省「持続可能社会における既存共同住宅ストックの再生に向けた勉強会」資料より引用)
(注) 1. 人が居住する住宅数を示す。
2. 昭和48年は1,2階建てを含む。
3. 昭和43年はSRC造を含まず、1,2階建てを含む。

高度経済成長期に大量建設された集合住宅。この日本を代表する住宅形式の将来が危うくなっている。高齢化が進み、世帯用の住戸に1人、2人の高齢者が住まう。集合住宅の人口構成は歪(いびつ)で、地域コミュニティとして機能していない。現在の住宅ストックがこのままの状態であると、今後、集合住宅は孤独な老人の住む「限界マンション」になるかもしれない。

構造体として耐久性、耐震性が十分ある住宅ストックのインフィル改修を行い、「住まい」と「住まい手」のミスマッチを解消して、健全な住共同体として再生することが急務である。技術的にどのように改修工事をするかだけではなく、住宅改修により、今後、どのように快適な地域社会を構築するかについても検討する必要がある。集合住宅を、高齢者が住み続け、若い世帯も入居する、持続可能性をもった「すまい」として再生するため、ハード、ソフトの両面で総合的に検討することが、今、求められている。

　持続可能性や資源の有効活用の側面からも、これまでのように短い期間で、住宅をスクラップ・アンド・ビルドにより浪費し続けることはできない。若い世代が今後、住居に負担できる資金は限られている。都心にリーズナブルな費用負担で、真に豊かな住環境を手に入れるためには、既存の住宅ストックを有効に活用していくことが必須である。次の世代に、既存住宅ストックを適切な姿で、引き継ぐことが社会的課題となっている。

1.2　集合住宅のインフィル改修の実態

　国土交通省は、2012年、「持続可能社会における既存共同住宅ストックの再生に向けた勉強会」を開催し、マンションの修繕、改修工事に関する技術を取りまとめ、公表した。そこでは、「耐久性・耐用性」「環境・省エネルギー性能」「耐震性」「防災性」「高齢者対応」の5つの性能分野を対象として検討が行われた。この勉強会では、主にマンションの「共用部分」の劣化診断、大規模修繕工事などが検討された[2],[3]。

　集合住宅を長期にわたって良好な状態で住み続けるためには、上記のほかに、専有部分についても改修を行う必要がある。区分所有者が専有部分で行うリフォームは、嗜好対応、老朽化対応、高齢化対応を要因・目的とした「住宅設備の変更」「内装の変更」「収納スペースの改善」を内容とする工事が多いとされている[4]。

　筆者らは既存集合住宅を今後、どのように改修し、高齢社会にふさわしい住宅ストックとして整備するかを研究するため、集合住宅の長期居住履歴とインフィル改修の実態調査を行ってきた[5],[6],[7]。これまでに調査した住宅

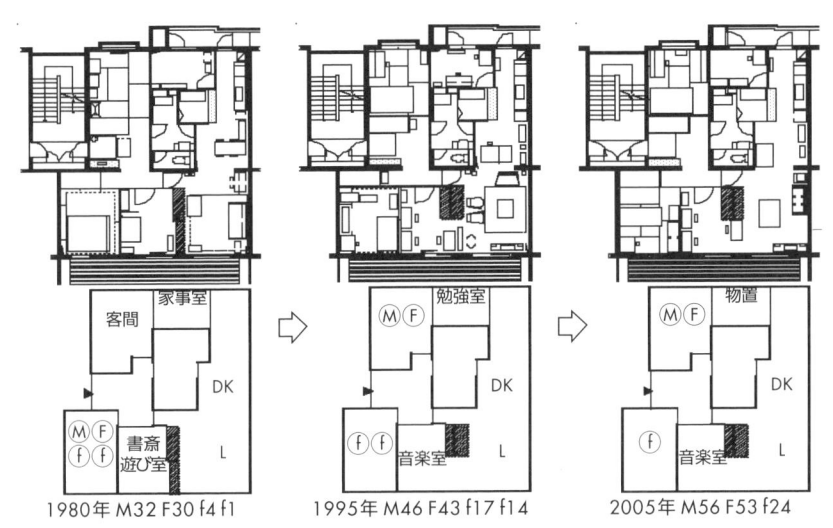

図1.2 KEP方式による集合住宅の経年による間取り変更の例(エステート鶴牧A3タイプ)[5]
Mは大人男性、Fは大人女性、mは子供男性、fは子供女性を示し、数字は年齢を示す。M、F、m、fの記号を記入した部屋は就寝場所であり、方位は図の上がほぼ北となっている。図1.3、図1.4においても同じ。

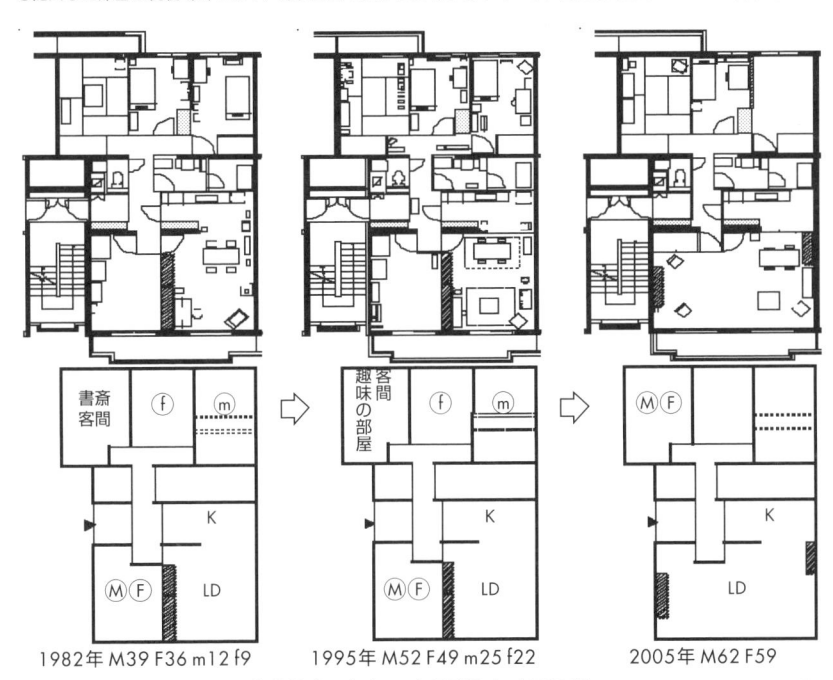

1980年 M32 F30 f4 f1 → 1995年 M46 F43 f17 f14 → 2005年 M56 F53 f24

1982年 M39 F36 m12 f9 → 1995年 M52 F49 m25 f22 → 2005年 M62 F59

図1.3 KEP方式による集合住宅の経年による間取り変更の例(エステート鶴牧B4タイプ)[5]

1 集合住宅のインフィル改修 | 11

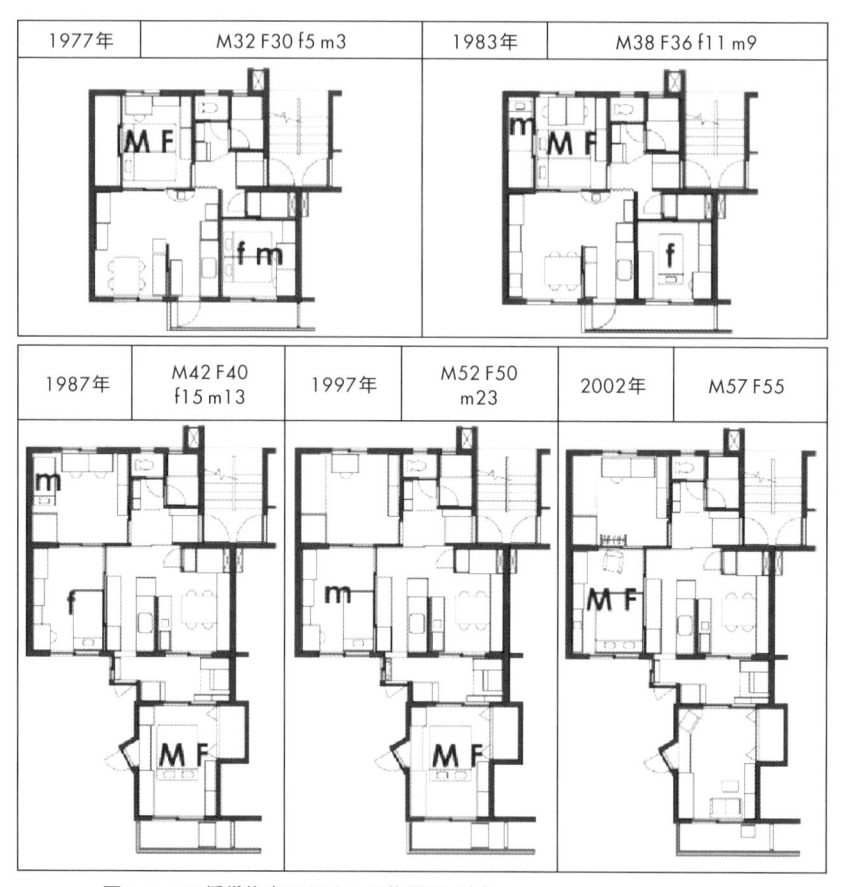

図1.4 UR賃貸住宅における居住履歴の例(1965年管理開始、1987年増築)[7]

団地では、管理開始直後に、夫婦、あるいは夫婦と子供で入居した家族が、今は子育てを終えて、老夫婦だけが住まう住戸が数多く見られたが、それだけに留まらず、多様な家族の形も見ることができた。日本のマンションストックの多くは、nLDKの間取りであり、現在の多様化した家族、個人に対応することが難しくなっている。

図1.2、図1.3は筆者らが1980年代初頭に日本住宅公団が分譲した集合住宅を対象として居住履歴を調査した結果である[5]、[8]、[9]。KEP(Kodan Experimental housing-Project)とよばれたこの住宅では、家族の住まい方の変化に対応するため、可動間仕切壁や可動収納壁が採用されている。図

1.2、図1.3において、可動収納壁を移動させることなどにより、入居した世帯が長期にわたって、住みこなしている様子を見ることができる。

図1.4は管理規約による制約があるUR賃貸住宅においても、インフィル改修を行い、積極的に住みこなしている事例である[7]。日本住宅公団が1965（昭和40）年に建設・管理開始した賃貸住宅であるが、管理開始後22年目の1987（昭和62）年に、住戸規模の拡大を目的として、バルコニー側に一居室、増築が行われている。当初は42.93m^2であった住戸が一部屋増えて63.46m^2に拡大したこともあり、この世帯は40年近く住み続けている。これらの住宅では分譲、賃貸の別にはかかわらず、長年住み慣れた住戸を、終の住まいとすることを望んでいる世帯がほとんどであり、今後、高齢者が車椅子生活や在宅介護などにも対応できるように、どのように住宅を改修するかが大きな課題となっている。

分譲マンションでは、竣工後25〜30年目に、第2回目の大規模修繕工事を行うことが多いが、この時期には、外壁、屋上防水だけでなく、外部建具、断熱仕様など、総合的な修繕工事が検討されることになる。時代とともに向上・変化する要求性能、要求水準に対応して、玄関ホールや共用室の充実など、機能向上を目的とした改修工事もこの時期に合わせて実施される。大規模修繕工事と同時期に、専有部分の改修を行うことは、足場などの仮設を兼用することができるので、経済的であり、合理的である。また工事期間中、給排水の供給停止や、階段の使用制限、工事騒音などのため、居住者がある一定期間、仮住まいを余儀なくされることもあり、そのときに専有部分も全面改修したいとするニーズもある。共用部分と専有部分を連携して総合的に改修するのが、集合住宅の価値の向上のためには有効であるが、必ずしも十分な技術が開発されているとはいえない。共用部分の大規模修繕・改修工事と住戸内部のインフィル改修工事との連携のあり方を研究し、具体的な改修手法を確立することが必要である。

既存の集合住宅をリノベーションし、シェアハウスなどの新たな住居形式として提供する事業は、UR都市再生機構のルネサンス計画「多摩平団地」、ReBITAやひつじ不動産の事例がある。今後、区分所有マンションにおい

写真1.1　UR都市再生機構ルネサンス計画「多摩平団地」

ても、子育て支援施設、高齢者の生活支援施設、医療・介護施設など、多様な機能を導入していくことの必要性が増すだろう。居住者が不在となり連絡がつかない空き住戸、相続人がいない空き住戸なども発生しつつあり、管理組合がその対応に苦慮している。条件次第では、自治体がこれらの空き住戸を借り上げ、新たな施設を導入することもあるだろう。民間分譲マンションにおいても、これまでとは違う柔軟な使い方を導入していかないと、高齢化した住民が住み続けることは難しい。これからの高齢社会における集合住宅の新たな住まい方を検討し、現行の建築関連法制度の改善を行っていく必要もあるかもしれない。

1.3　居住者が主導する改修

　今から半世紀前の1961年、ニコラス・ジョン・ハブラーケン氏は「サポート　マスハウジングに替わるもの」(写真1.2)[10]を著し、居住者主導による住宅生産の理念と方法を提示した。その考え方は集合住宅のインフィル改修にもよく適合する。区分所有マンションであれ、賃貸マンションであれ、居

住者こそが改修ニーズをいちばん良く知っている。居住者自身が、計画し仕様を決定できるように、住宅生産・供給体制を整えることが、インフィル改修が市場において、健全な形で育っていくために必要なことである。

わが国にはマンションが約600万戸存在しているとされる。経年が進むにつれ、それらのインフィル改修の必要性は高まる。インターネットを活用すれば、居住者が自ら設計し、発注するシステムを開発することができる。内装材の具体的な仕様や色は、現物を確認して決定することになるため、インターネットで基本的な検討をした後、入居者が住宅設備や建材を実際に自分の目で確認できる場所があると便利である。

写真1.2 Supports：an Alternative to Mass Housing 復刻版（英語）、1999年

自然素材である木材をインテリアに使用したいというニーズは高いが、これまで一般の入居者が木材を選定するプロセスに参加することは希であった（写真1.3）。従来、材木の流通加工業は企業間（B to B）の大ロット取引を優先してきたが、市場が縮小するなか、今後は、インターネットで直接、顧客と接点をもつこと（B to C）により、潜在需要を掘り起こして市場を拡大することが可能になる。大手の住宅設備や建材メーカーは自社商品を対象として展示場を開設しているが、市場に供給されているすべての企業の多種多様な住宅部品、住宅建材を一同に展示する施設が開設されれば、専門家でない入居者が、インフィルの仕様を決定することに大変役立つ。インターネットと建材展示場を統合し、入居者による意思決定を支援するシステムを構築することが、インフィル改修の市場を育てることになると思う。

集合住宅の設計・建設を行っている企業の中には、継続して関連会社が管

写真1.3　木材市場の競り（一般には公開されていない）

理業務を担うものも多い。それらは、長い年月を通して築き上げた入居者との信頼を礎に、包括的な生活サービス産業として成長することが期待される。すでに一部の住宅生産・販売会社において、居住者の心拍数や呼吸回数をモニタリングする技術開発が進められている。医療、福祉、介護の専門家と連携して、住宅が居住者の健康管理の基礎的拠点になること、それを発展させて救急救命システムと連携することなども、近い将来、事業化されていくだろう。高齢者や要介護者が住まう住戸に対して、インフィル改修と連携した生活支援サービスを提供することも、新たな業務になる。各世帯の特性に応じた防犯・セキュリティサービス、災害時の安否確認、救助、復旧支援、日常的な食材、食事の配達など、包括的な生活サービスビジネスは、個々の住宅の居住者の実態を把握している企業にとって、社会的ニーズの高い成長分野であろう。

1.4　インフィル改修の課題

　既存マンションのインフィルを改修する工事には、いくつかの課題がある。
　まず現状では、改修工事費（コスト）が高い。80m^2程度のファミリータイプのマンション（3LDK）のインフィルをすべて新しく更新するには標準的な仕様でも1,000万円程の工事費がかかる。少し高級なキッチンやユニットバ

スなどの住宅設備機器を用いるなどすれば、1,500万円を超える金額になる。アメリカでは地方都市なら、土地つきの中古の戸建住宅が購入できる金額である。改修工事費以外に、引越しの費用(工事期間中の家財保管料)や工事期間中の仮住まいの費用も必要になる。マンションの販売価格を考えると、この改修工事費は決して小さいものではないだろう。1,000万円を超える改修工事費を支払うなら、改修を断念して住み慣れたマンションを転売し、他のマンションを購入することにもつながりかねない。何十戸、時には100戸を超える住戸を一度に施工する新築工事と違い、1戸だけを対象とするリフォーム工事は職人の作業効率が悪く、また住宅設備や資材を購入するときの価格交渉力も不足するとはいえ、現在のマンションのリフォーム工事費は高すぎるのではないだろうか。もっと安価にインフィルを改修できるように、抜本的な技術開発を行う必要があると思う。

　2つ目の課題は工期である。ファミリータイプのマンションの内装と住宅設備を一度すべて解体して、新たに作り替える場合、1か月以上の工期が必要となる(写真1.4)。場合によっては1か月半から長い場合には2か月かかることもある。大規模な新築工事と違い、リフォームの工事は職人の手配も難しく、工期が遅れることもある。1か月以上の工期では、就学期の子供がいる家庭にとっては、夏休みの間に工事ができるかどうかさえ微妙だというこ

写真1.4　マンションのリフォーム工事に伴うインフィルの解体

とになる。春休みの期間中では工事は終わらない。この長い工事期間のため、リフォームをしたいと思っても実施できないでいる世帯がいるだろう。工期が短くなれば、潜在的な改修ニーズが掘り起こされ、マーケットが大きくなり、コスト削減の可能性も生じる。

　工期が長くなる理由の一つは、解体してみないと、建物の状況が正しくわからないということがある。建築工事は設計図どおりに完成していないことがあり、完成時にどのように建物や設備ができているかを記録するため「竣工図」を作成することになっている。しかし、正しく竣工図が作成されていないこともあり、建物、設備の実際の状況が、工事を始める前にわからないことが多い。設計図には給水管が天井内部に配管されていると記載されていても、解体してみるとコンクリートの床スラブに埋め込まれていることもある。また躯体の寸法も、施工精度が低く、設計図に記載されている寸法とは若干異なることがあるため、内装を解体した後に、採寸してから造付けの家具などを製作することになる。工事着手前に、あらかじめ取り付ける設備機器や家具、内装材を製作しておくことができれば工事期間は短くなるが、現実にはそのように進めることができない。オランダ、フォーブルグの公的賃貸住宅では、入居者が入れ替わるときに、1週間で解体し、次の2週間で新しい内装、設備に作り替えたとの報告がある。設備配管や電気配線を短い工

写真1.5　開発当初のマトゥーラ・インフィルシステム(ケンドル(Kendall)教授提供)

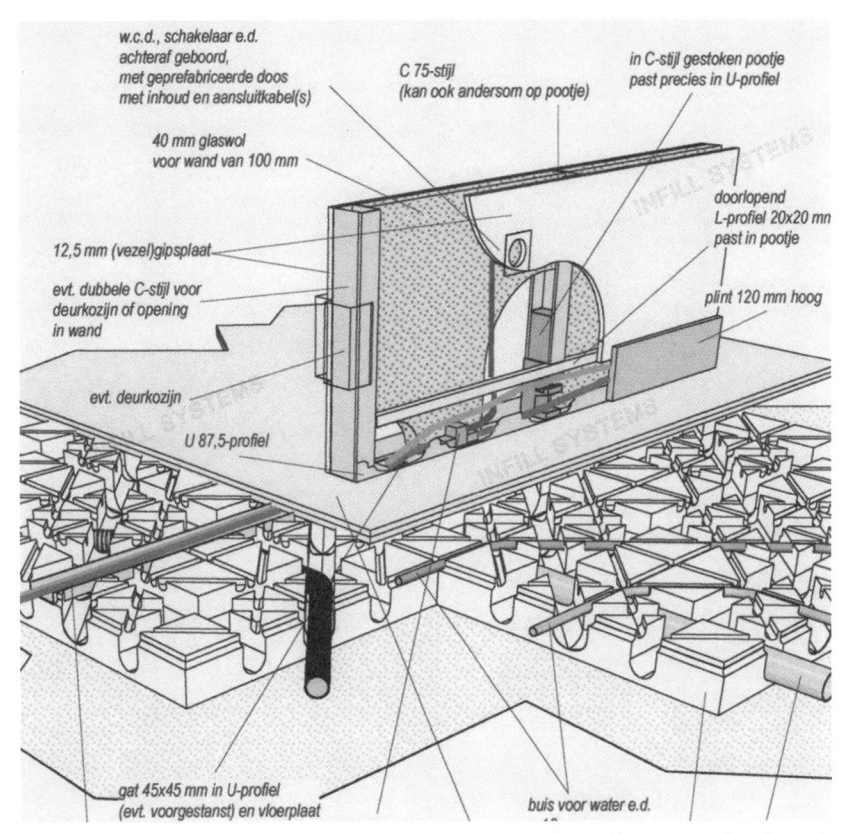

図1.5 改良されたマトゥーラ・インフィルシステムと幅木を配線に用いるジップロック (GPlock)(ランデン(Age van Randen)教授提供)

期で施工する試みが行われており(写真1.5、図1.5)、日本でも、インフィルの工事期間を短くするための研究開発が必要であろう。

3つ目の課題は、工事期間中の近隣住戸への騒音である。住宅の床に使用される主な仕上材料には、フローリング(床暖房)、畳、長尺シート、石(自然石、人造石)、タイルなどがある。それぞれ仕上材の厚みとその下地に必要な厚みが異なる。床仕上げのレベル(表面の高さ)は、バリアフリー対応や見た目の美しさを確保するため、同じ高さ(同じレベル)に仕上げることが一般的である。構造体であるコンクリートの床スラブは、ほぼ同じ高さで作られているので、微妙な高さでコンクリートを増し打ちしたり、薄くモルタルなどを

塗ることにより、仕上材とその下地の厚みの違いを調整している。リフォームを行う場合、間取りが変わり床仕上げも変わるため、仕上げの変更に伴い不要となるコンクリートやモルタルを撤去する（はつる）必要が生じる。そのときの騒音が、近隣、特に下階の住戸に迷惑をかけることになる。今後、建設するマンションにおいては、将来の模様替えを考慮して、モルタルなどでは床下地のレベル調整をせず、乾式のレベル調整材を用いて、騒音を発生しないで改修工事ができるように、あらかじめ対応しておくことが求められる。また改修工事においても、将来行うかも知れない次の改修工事のことを考慮して対応することが必要である。

　マンションは管理規約により専有部分の改修工事について制約を設けていることが多い。特に下階への影響がある床の遮音性能については厳しい性能が求められている。床暖房をする部屋のフローリング材は乾燥に伴う影響がでないように対応した材料を選ぶ必要もあり、求められる床遮音性能も兼ね備えた商品となると選択肢は限られる。合板の表面に薄く天然木を貼り付けた突板のフローリング材が多く用いられているが、無垢材のフローリング材を用いるときには、遮音性能、床暖房対応ともに注意を払う必要がある。

　今後、建設するマンションは、安価な工事費で、短い工期で、騒音を発生することなく、自由に模様替えできるように、あらかじめ対応した設計にしておくことが重要である。従来のマンションは、水まわりの一部分のみ構造体であるコンクリート床スラブを低くして、配水管を処理している設計が多いが（写真1.6）、将来、台所、洗面所、浴室、便所など水まわりのレイアウトを自由に変更できるようにするためには、住戸全体を二重床にしておくことが望ましい。二重床にすることは、階高を高くすることにつながり、コスト増につながるが、設計の自由度、経済性、改修工事の工期などとのバランスを考える必要がある。これまでも間取りの可変性を高めるため、可動間仕切や可動収納壁を設置した集合住宅が建設されているが、二重床と同じく、イニシャルコストだけでなく、将来の間取り変更に伴う改修工事費を含めたライフサイクルコスト全体としての経済性や、間取り変更に伴う工期や工事騒音などを考慮して採用すべきかどうかを判断すべきである。

写真1.6　水まわりの配管工事
（水まわりの床スラブのみが180mm、周辺より低くなっており配管スペースとなっている）

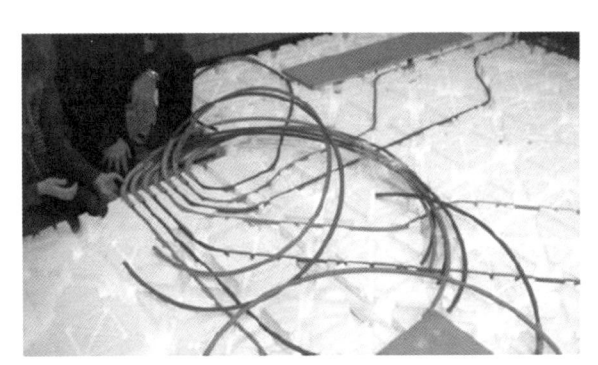

MATRIX TILE SYSTEM installation with 0-slope gray water drains
写真1.7　ステファン・ケンドル 米ボール州立大学教授らによるインフィル開発
（知的所有権はInfill Systems B.V., Delft, NLが所有）

写真1.7は、ステファン・ケンドル(Stephen Kendall) 米ボール州立(Ball State) 大学教授らによるインフィル開発の事例である（知的所有権はInfill Systems B.V., Delft, NLが所有している）。写真1.5のシステムを改良したものである。開発された床システムは、91mmの発泡スチロールの上面に大小、2種類の溝が設けられており、給水管、給湯管と雑排水管を溝に沿わせて配置することにより、墨出しすることなく簡単に配管工事が施工できるようになっている。工期の短縮が実現すると同時に、専門工でなくても容易に工事ができるようになっている。雑排水管はサイホンの原理によりゼロ勾配で排水ができる仕様となっているが、この床システムを採用する場合に限って認可されているとのことである。EU内で約100例の施工実績がある。

　写真1.8は、EUやアメリカで販売されているジップロック(GPLock)という配線システムである。軽量鉄骨(LGS)下地あるいは木下地による間仕切壁や戸境壁、外壁の内面の幅木部分に、弱電及び通信配線を行っている。スイッチ、コンセントは幅木上部の壁面の任意の位置に開口を設けて取り付けることができる。日本の集合住宅では、電気配線、TV、インターネット、電

①幅木が取り付いた状態(工事前)　②幅木を取り外す　③コンセントを設置する位置に穴をあける

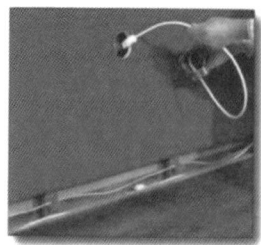

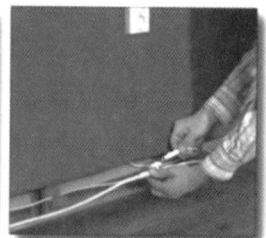

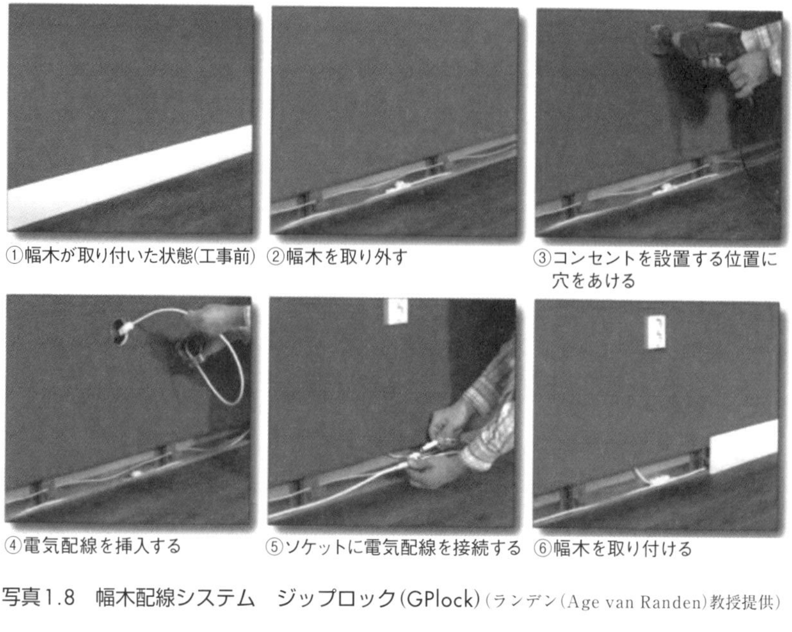

④電気配線を挿入する　⑤ソケットに電気配線を接続する　⑥幅木を取り付ける

写真1.8　幅木配線システム　ジップロック(GPlock)（ランデン(Age van Randen)教授提供）

22　｜　1　集合住宅のインフィル改修

話の通信配線は天井内部、壁面内部に隠蔽されており、スイッチやコンセントのレイアウト変更は容易ではない。改修工事だけでなく、日常生活においても、コンセントやスイッチの位置の変更や増設はたえず対応が求められるので、ジップロックのようなレイアウト変更がしやすい配線システムの開発が望まれる。

建物を長期にわたって使い続けるためには、完成当時の状態、維持管理、改修工事の経緯について、正確な情報が蓄積され、継承されることが不可欠である。高性能の3次元スキャナーが比較的安価に使えるようになってきているので、これから新築する建物や改修する建物については、躯体寸法を正確に計測して図面化しておくことが、後日、改修工事を計画するときに、役に立つに違いない。

1.5　持続可能性の高い都市型住宅

ブルーノ・タウトが設計したベルリンのグロスジードルング・ブリッツ(1925年竣工、写真1.9)は、今、訪問しても、外壁は色鮮やかに塗装され、人々が生き生きと暮らしている。耐震性などの問題があるとはいえ、ほぼ同時期に建設された日本の同潤会の建物がなくなってしまったこととは大きな違いが感じられる。住宅が長期にわたって、その価値を保持・向上させ、人々が満足して住み続けられるための要件とは何なのだろうか。①当初の設計において具備すべき要件、②維持管理に求められる要件、③居住者の関与（インターベンション）により改変を認めるべき要件などを総合的に明らかにする必要がある。長期にわたって存在している世界各地の建築、住宅は、長い年月の間、社会ニーズの変化やライフスタイルの変化などに対応して、その姿がいろいろな形で変化していることが観察できる。日本の住宅が短寿命であったことの原因の一つは、改変に対する受容性の欠如にあったかも知れない。

日本では2009年6月に長期優良住宅の普及の促進に関する法律が施行され、住宅の長寿命化が本格化している。これはKEP（Kodan Experimental Housing Project）、CHS（Century Housing System）などの、長年にわたる官民が連携した技術開発の成果の賜物である。写真1.10は2001年、オ

写真1.9　ベルリン　グロスジードルング・ブリッツ(1925年竣工)

写真1.10　オランダ、高齢者用環境共生住宅(Frans van der Werf氏より)

ランダ、ペルグロムホフに建設された高齢者用環境共生住宅であるが、居住予定の高齢者自身が住戸内部のプランニングを行っている。筆者が現地を訪れたとき、入居者の老婦人は、一番ニーズをよく知っている自分が計画するのが一番よいと語っていた。日本では配管のメンテナンスや更新を考え、共用立て配管は共用部に面するように推奨されているが、建築家フランス・ファン・デル・ヴェルフ氏によるこの建物の設計では、水まわりの設計の自由度を高めるためか、共用立て配管のパイプシャフトは住戸中央にレイアウトされている（図1.6）。長寿命化を考えたとき、設備の更新を伴う間取り変更は必須の要件である。海外の取組みを含めて研究を行い、間取りの変更がしやすい多様な設計手法を確立するのがよいと思う。

既存の住宅ストックを、地域社会の人口構成の変動や、ライフスタイルの変化に対応して、いかに柔軟に改変していくかは、住宅ストック活用における根本的な課題である。アムステルダムで建設された複合施設ソリッド（Solids、図1.7）は、インターネットオークションで入居者を決めており、住宅、オフィス、店舗など多様な用途を複合化することができる[11]。街の発展とと

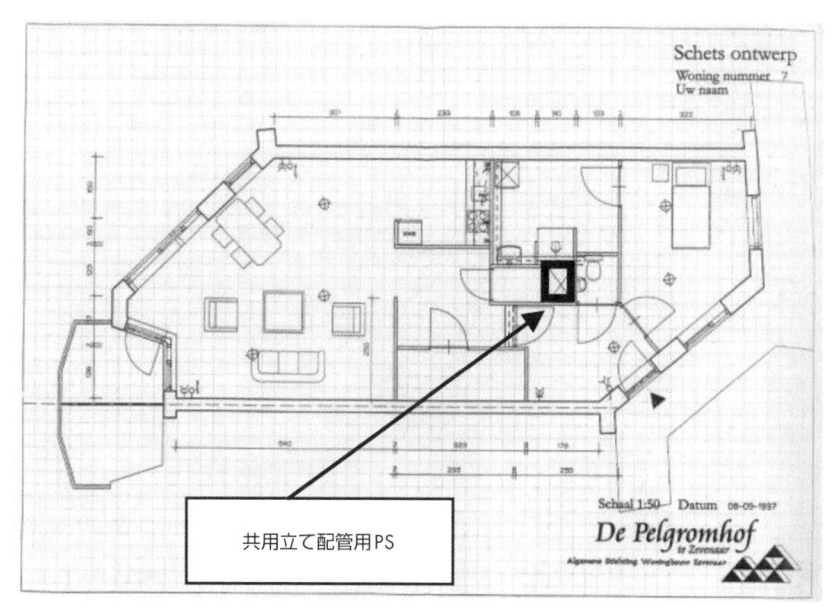

図1.6　写真1.10の住宅のパイプシャフト（PS）の位置（Frans van der Werf氏より）

もに、施設の構成が変化することを視野に入れて計画されている。実現の背景にはアムステルダム市の規制緩和がある。日本においても集合住宅に他の用途を複合しやすくするような制度改正が必要であるかもしれない。

　世界各地の歴史的都市は、集合住宅が集積して形成されている。現在、日本で建設されている集合住宅は、一つ一つの建物は素晴らしいが、それが集積して美しい町並みを形成しているかどうかは疑問である。真の意味で、持続可能性の高い都市型住宅には、同種の建物が連担して魅力的な街区（アーバン・ティッシュ）を形成できることが、その要件として求められるだろう。

　個々の集合住宅のインフィル改修を通して街区の整備を進め、都市を魅力あるものとして持続的に発展、成長させていく手法を社会として確立することが重要である[注]。

図1.7　アムステルダム　ソリッド(Stadgenoot提供)

引用・参考文献
(1) 国土交通省「持続可能社会における既存共同住宅ストックの再生に向けた勉強会」資料によると、住宅・土地統計調査（平成20年）をもとに、日本の全住宅4,960万戸（平成20年）の中で共同住宅は約4割を占め、その大半は鉄筋コンクリート造であり、鉄筋コンクリート3階建て以上の共同住宅は、全住宅の約3割を占めるとされている。
(2) 国土交通省「持続可能社会における既存共同住宅ストックの再生に向けた勉強会」
http://www.mlit.go.jp/jutakukentiku/house/jutakukentiku_house_tk5_000017.html
(3) 公益財団法人住宅リフォーム・紛争処理支援センター：「長く暮らせる共同住宅へ」
http://www.housing-stock.com/
(2)の勉強会成果をもとに解説している。
(4) 住宅リフォーム推進協議会、平成22年度住宅リフォーム実例調査
(5) 石見康洋・南一誠：KEP方式による可変型集合住宅の経年変化に関する研究、日本建築学会技術報告集 第24号、pp.335-338、2006年10月
(6) 南一誠・関川尚子・石見康洋：KEPエステート鶴牧-3 低層棟における居住履歴と住戸の可変性に関する研究、日本建築学会計画系論文集 第621号、pp.29-36、2007年11月
(7) 南 一誠・大井薫・竹ノ下雄輝：公的賃貸住宅団地における長期居住履歴に関する研究、日本建築学会計画系論文集、第651号、pp.997-1005、2010年5月
(8) 初見学：住戸計画における個別性対応に関する研究、住宅総合研究団、1991年10月
(9) 初見学：可変型集合住宅の居住履歴に関する調査、都市整備プランニング、住宅・都市整備公団、1996年3月
(10) Supports, An alternative to mass housing、オランダ語初版1961年、英語版1972年、復刻版（英語）1999年。ハブラーケン氏は1928年10月29日インドネシア、バンドン生まれのオランダ人。SAR建築研究所長、アイントホーヘン工科大学建築学部教授を経て、マサチューセッツ工科大学教授。
(11) 南 一誠：変化する都市環境と建築の寿命 時間を意識した国内外の長寿命建築の先進事例、日本建築学会、総合論文誌 No.9、pp.65-68、2011年1月

注 本稿は、都市住宅学会20周年記念誌掲載の拙稿「成熟社会における既存共同住宅の再生」（2013年8月）に加筆、修正したものである。

2 居住者の視点に立った日常生活の中のインフィル

2.1 インフィルの一般化

　ストック活用が一般化していく中で、新築一辺倒であった住宅供給方式の多様化が顕著になりつつある。その方式として「新築」「一棟丸ごと改修したマンションの再販」「中古流通住戸を改修した住戸ユニットの再販」「居住者自ら中古住宅を探し改修して住む」という選択がある。一方では、不動産を買い替えずに住み慣れた環境で「居住中の持ち家を生活スタイルの変化に合わせて創りかえる」リノベーションもある。このように住まいを選ぶ方式の多様化が進んでいくが、多くの選択肢の中からライフスタイルに合わせて選択されリノベーションされた住まいは満足度も高く、ストックの健全化に寄与していくものと考えられる。

　次に供給される住まいのインフィルの種類についてであるが、新築の供給や再販事業者が供給する「建売」的なものと、居住者が自らの関わりでつくり上げる「注文住宅」的なものの2つの種類に分類される。「建売」に分類される新築において、ディベロッパーは住戸プランや選択メニューのバリエーションを増やし、買い手の要求を満たす販売手法を取るなど居住スタイルの多様化への施策を取っている。これは再販事業者が供給するリノベーション物件においても同じ傾向である。これらにおいて供給された住戸の共通点は、だれしもが好むであろうという最大公約数で供給されており、居住者の嗜好、生活スタイルを直接反映したものではないことである。一方、居住者が自分の嗜好や生活スタイルに合わせて改修し、自分のこだわりの空間に住む「注文住宅」においては、前者とまったく異なる視点で住戸が「創られて」いく。

　ここでは「注文住宅」であるマンションのリノベーションに絞り、そこで「創られる」空間を、居住者の日常生活の中で必要になるインフィルとは何か、それを供給するリノベーション業界の課題などについて述べていく。

2.2　インフィルの位置づけ

　筆者自身は住宅メーカーにおいて、30年以上にわたり工業化住宅の開発や第一線でお客様に相対し、数1000戸の戸建住宅を市場に供給してきた。戸建住宅はフルオーダーで居住者自身がつくり上げていくと思われがちだが、道路位置と家族構成などにより、ほぼ住戸プランは決まってしまう。素人である居住者が参加するのは、多くの場合、内装材や住設備品の選択だけといっても過言ではないかと思われる。このようにして供給してきた住宅だが、ある大建築家が言われた「家は日常茶飯が大事だ」という言葉で、住宅とは何かを気づかされた。日常茶飯の定義は広いが、居住者にとって本当に暮らしやすい住まいとは何かを考え、その視点に立ち以下の論点を整理していく。

　また、本編はマンションのインフィルにテーマを絞るが、その階層別役割を通じ整理をしてみる。

　インフィルを構成する階層は、1層目のコンクリート躯体の上に2層ある（図2.1）。

- ■3層目：表層インフィル
　居住者の生活スタイルを実現
- ■2層目：ベースインフィル
　安全快適な生活をするための住宅性能、ライフラインを担保
- ■1層目：既存RC躯体
　地震時などに生命の安全を担保

表層インフィル＝生活スタイルを実現

ベースインフィル＝住宅機能を担保

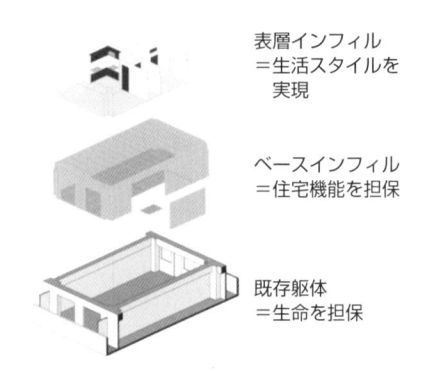

既存躯体＝生命を担保

図2.1　住戸の階層

　3層目の表層インフィルには居住者が参加、つくり上げていく。きちんとつくり安全快適に暮らすには、各層ごとに解決すべきテーマがある。

2.3　インフィルの層別機能

　1層目の既存RC躯体における構造耐力上の安全性により生命を担保でき

ることが前提であるが、快適なインフィルとは何かと考えたときに、住宅性能という潜在的要素とデザインという感覚的で顕在的要素がある(図2.2)。住宅性能は潜在的なのでなかなか居住者が気づかないところだが、設計者には気づき、気にしていてほしいところである。

　一方、メディアにおいては読者受けがするデザイン性を前面に出したものが多く、居住者にとって必要なことの一方が触れられないままリノベーションという言葉が独り歩きしているのが実態なのではないかと思われる。その結果、リノベーションし、デザインとプラン及び住宅設備機器は良くなったが、断熱や遮音、配管配線類など、住宅にとって必要な機能と性能の改良を十分にされずに施工された住宅が多く供給されることにつながっているのではないだろうか。

　図2.2に示すベースインフィルと表層インフィルの役割を設計者が的確に認識した設計をすることで、初めてデザイン性が高く、住まいやすいインフィルを実現できるものだと思う。

　もし、ベースインフィルを無視して設計した場合には、例示している4項目のうち、特に安全性などの欠如を引き起こし、結露・カビの発生による不

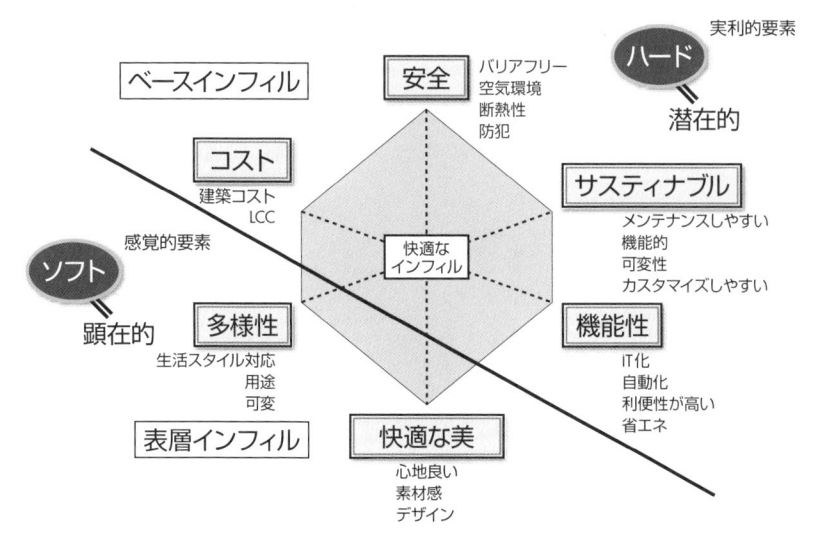

図2.2　ベース、表層インフィルの必要性

快感と健康被害の発生、冷暖房費用の増大を引き起こすなど、生活を快適にするためのリノベーションのはずが不快な空間に変わってしまうことにつながりかねない。また、将来の生活スタイルの変化を考えずに設計した場合には、将来、多額の費用をかけて再リノベーションをしなければならないという問題に行き当たる。このことについては後節で詳細を記す。

　それでは図2.2に沿ってデザイン構成と性能要素の構成について整理する。表層インフィルにおいて必要なことは、居住者それぞれの嗜好に適応したことが体系立てられて整理され、それを居住者と一体となって居住者の生活スタイルに適合させられるかということだと思う。

　一方のベースインフィルにおいては、「住宅の品質確保の促進等に関する法律」（以下、品確法と表記）などで規定された明確な性能ランク、住宅金融支援機構「住宅工事仕様書」、日本配線器具工業会発行の「住宅における配線設備のリニューアル提案指針」ほか、多くの指針がある。なかでも品確法の性能表示項目のうち、「温熱環境」「音環境」「空気環境」「維持管理への配慮」「高齢者等への配慮」などがベースインフィルに大きく関与する項目になる。このうち、「空気環境」について、法では空気中の有害物質の排除を主眼としているが、本章では、室内の水蒸気の排出に置き換えて検証を加えている。また、急速に発達中のインターネット設備も充実させ、スマートメーター、ホームエネルギーマネジメントシステム（HEMS）への対応をしておくことも重要となる。

2.4　居住空間のデザイン階層

　空間を構成していく工程順序として、下地施工の次にクロス、塗装などの仕上材、建具などの面材で建築工事としての空間がつくられ、そこに居住者が生活スタイルにマッチした家具、ファブリック品、絵画などのこだわりのもので空間の仕上げをしていくのが一般的である。しかし、居住者の嗜好の多様化により、この順序に変化が現れている。今までは設計者任せであった工程に居住者が積極的に関与し、空間構成方法の段階からトータルなデザインをイメージして設計者と協業でつくりこんでいる。具体的には、従来は設

計者が選択・提案したものから居住者が選択する手法が一般的であったが、現在は居住者が豊富な情報を駆使し、具体的な空間イメージとそれを構成する部材までも選択している。それを設計者が専門的観点から助言、相互理解のうえでイメージ通りのものをつくりこんでいく状態である。これを表したのが図2.3であるが、このようにしてつくられた空間は質も高くトータルのコーディネートがなされている。

　このようなスタイルは今後更に増えていくと思われるが、表層インフィルは居住者が積極的に参加できる階層なので、その関与範囲が広がっていくことで、同じ予算の中で満足度が高い物ができ上がっていく構図になる。ベースインフィルがしっかり施工されてさえいれば、居住性能が担保されるので、表層インフィルに居住者自身が安心して関与でき、いつでも居住者の嗜好の変化に対応した空間を居住者自身が安価につくり変えていくことができる可能性もある。

　では、なぜ従来型があり続けてきたのか？ 図2.3の「デザイン構成の階層」を使って説明を加える。この図は、住宅デザインを形成する各工程の参加者

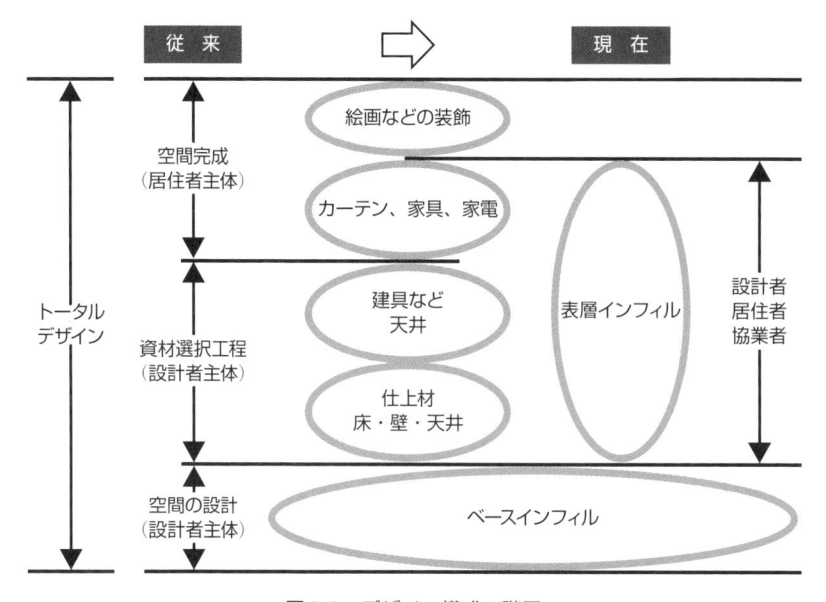

図2.3　デザイン構成の階層

についての関係性を表したものである。

　前述のように従来においては、空間の設計から資材選択に至るまでは設計者が主体であり、居住者は設計者が提案した事項への選択と承認にとどまる。この工程は資材知識、流通価格が複雑で専門的であり、一般の居住者にはわかりにくいことにその原因がある。したがって、素人である居住者は設計者に委ねることになるわけである。しかし、設計者においても多岐にわたる十分な知識を備えているわけではない。これは、毎年のように入れ替わる資材商品や、資材購買の当事者にしかわからない複雑な流通コストに原因がある。しかし、近年のインターネットによる豊富な情報により、設計者も居住者も同様な情報を得られるようになった。これにより図2.3における「設計者と居住者の協業化」ができるようになった。この代表的事例がフローリングにある。従来はカタログから選べ、価格・機能に重点が置かれている工業化製品が選択される一方で、無垢材については、反りや伸縮が大きいなどの理由で敬遠されてきた。しかし、無垢材に関する多くの情報がインターネットから発信されるようになり、現在では多くの居住者が無垢材を選択している。

2.5　空間嗜好の分類

　今までは仕上げ＝クロスということが一般的であったが、昨今の居住者が嗜好するものは、今までの当たり前が徐々に変わりつつある。筆者は空間嗜好の多様化を4つの分野に分けて考えてみた。

1　スタイリッシュ
2　団欒
3　癒し
4　落ち着き

　これを伝統、先進、明色、暗色という軸で分類したのが図2.4である。

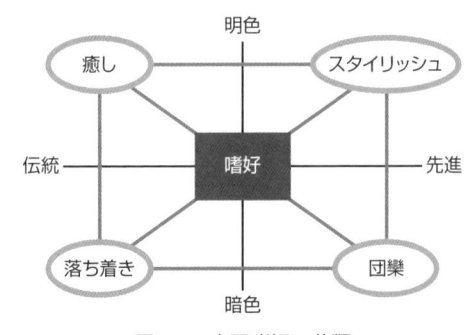

図2.4　空間嗜好の分類

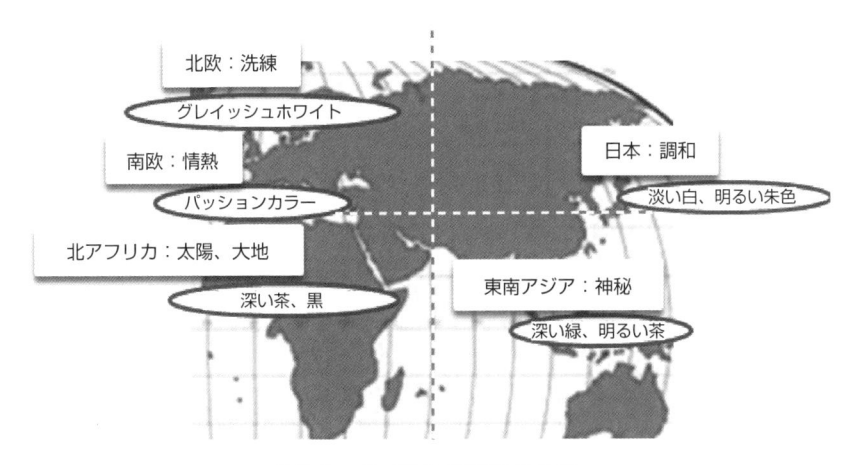

図2.5　インテリア基調色の分布

　図2.4をさらに色彩の要素について考えてみたいと思う。ミラノサローネなどの展示会でトレンドが発信され、その発信に基づき建具やキッチンの流行色ができ、市場に供給されている。しかし、住宅は一時の流行で住み続けるものではなくベーシックな色彩が必要になる。筆者は、これを以下の仮説で考えている。

　日本人が好むインテリアの基調色は、地球上の5つの地域をイメージするものに分かれているのではないかという仮説である(図2.5)。

　1つは北欧の淡いグレイッシュホワイト、2つ目が南欧の情熱のパッションカラー、3つ目が灼熱の太陽と大地をイメージしたようなアフリカの素朴な茶や黒、4つ目が東南アジアの深い色合いの緑や明るい茶の色、最後に日本がもつ漆の朱色と漆喰の淡い白。この中から無意識に嗜好が生まれ生活空間を構成しているのではないかというのが筆者の仮説である。

2.6　空間嗜好の変化

　それでは、インテリアスタイルを最初に自分の部屋をもったときからリノベーションに至るまで、また、年齢とともに変わっていくことを、生活スタイルの中に置き換えて見ていただきたいと思う（図2.6）。最初に部屋をもったときに、自分らしさを演出できる器として部屋をとらえることになる。そ

こから、嗜好の変化や生活スタイルの変化により住まいたい空間が異なっていくわけである。たとえば、20代であればスタイリッシュな空間やポップな空間を好み、家庭をもち子供の成長過程では暖かな空間を好み、その後は穏やかな空間を好むというように嗜好が変化していくと考える。

　具体的な例をあげると、20代で好まれるスタイルの一つに、コンクリートむき出しのなかにフェラーリレッドのような鮮やかな色彩を配するインテリアが多く見られる。次に30、40代の子育て世代では更に多様化し、アジアンテイスト、アフリカンテイスト、南欧のパッションカラーを取り入れたインテリアなどを求める居住者が多くなる。ここに嗜好と生活スタイルの多様化が出るのだと考える。更に年齢が進むと、落ち着いた空間を好む居住者が多くなる。漆喰の白、漆の朱色、落ち着いた木目などの和のテイストや北ヨーロッパのやわらかい白を基調とするインテリアを好む居住者も多い。一人の人間でもこのような嗜好の変化が考えられ、自由に内装の「着せ替え」ができる技術開発が必要だと考える。

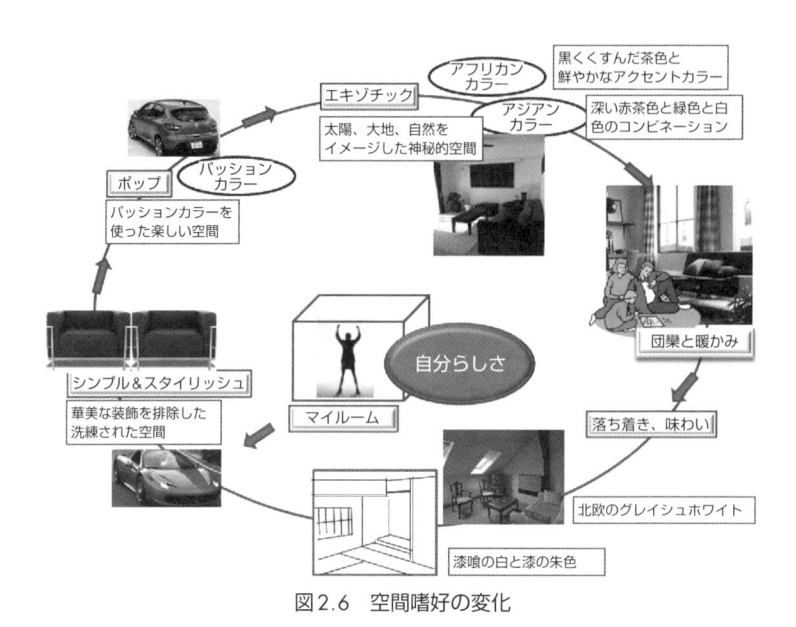

図2.6　空間嗜好の変化

2.7　ライフステージによる生活空間の変化

　次に、ライフサイクルによる住戸需要の変化についてである。家族構成によって必要な器・生活スタイルが異なっていく。最初は1人だけの空間があり、そのつぎに2人になる。家族が増えるごとに1LDKとか2LDKというふうに寝室の数が必要になり、子供も成長に伴い個室が必要になってくるということで、3LDKや4LDKに移っていく。また、介護が必要になれば更にもう一部屋や水まわりの改装などが必要になる。子育てが終わり夫婦2人になり、夫婦それぞれの部屋が必要になるなど、人生の中において住まいとして必要な器が変わっていく。そのサイクルは15年から20年だと仮定している。コミュニティの形成や居住地への慣れなど、いったん住み始めるとなかなか住戸を変えるということはしないものである。したがって、ライフサイクルの変化に対応した可変性などの建築的な技術の提供や親族が近居できる社会的システムが必要になる。

　以上のような嗜好の変化やライフスタイルの変化に対し、変えていく技術として開発中のものに内装材着せ替えシステムや間仕切可変システムの開発が進んでいる。

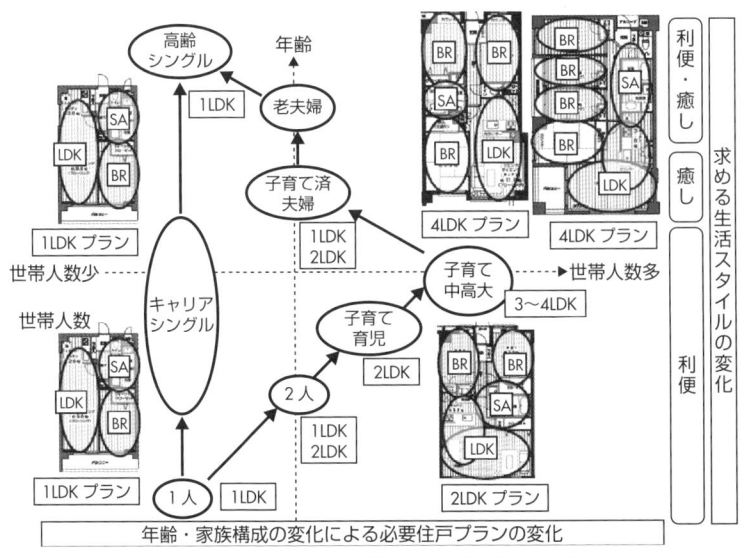

図2.7　ライフステージによる生活空間の変化

2　居住者の視点に立った日常生活の中のインフィル　｜　37

2.8　リノベーションをするための施工の実態

　リノベーションをするコンクリート躯体を戸建住宅の建築敷地にたとえると、戸建住宅の敷地は平面だがコンクリート躯体は6面の立方体であり、立方体の敷地であると考えられる。その躯体の状況は、新築施工時の工法や精度にもよるが、壁も床スラブも梁も柱も歪み蛇行していることも多い。一言でいえば、3次元に歪んだ敷地である。もう1点、戸建の住宅敷地と大きく異なるのは、壁・床のコンクリート1枚を隔て隣住戸があるということである。次に、電気・ガス・水道・通信などのインフラ系も現在の需要レベルに合わせるために公共の本管から引き直すこともできず、そのマンションの新築時に施された容量の中で設計しなければならないことも大きな制約条件である。また、多くのマンション住戸がカビと結露、真夏の輻射熱に悩まされており、断熱や換気への配慮も十分ではない。このような状態の中でリノベーションが施工されているが、残念ながら表面デザインだけを触ったリノベーションが多く、断熱性能向上など居住者に今後の快適な生活を提供するリノベーションは少ない。正しいリノベーションは、居住者の生活スタイルに合ったデザインと、この躯体空間に安全快適な空間をつくることである。

　では、どのようにして正しいリノベーションの施工を実施するのか、現状の状況と課題について以下に述べる。

　リノベーションという言葉が出現する以前のリフォームという言葉が使われていたころから現在まで、技術革新が進んでいない状態が長く続いている。したがって、職人の腕によりつくられる品質が異なり、市場規模だけはどんどん大きくなっていくが、千差万別の品質が居住者に提供されている。底流にあるのは新築のような技術基準が少なく、請負金額が500万円以下であれば建設業許可も不要であるというように参入障壁が低いことなどにある。唯一の拠り所である職人も図2.8に示すように職人の数が高齢化などにより急激に減少している。今後は腕の良い職人を確保するどころではなく、職人そのものを確保できなくなってくると考える。これを補うための方策が必要であり、多能工の育成や職人の腕によらなくても施工ができるような技術開発が必要である。技術開発は、設備工事の一部や建具、住宅設備機器などにお

図2.8　大工数の推移について

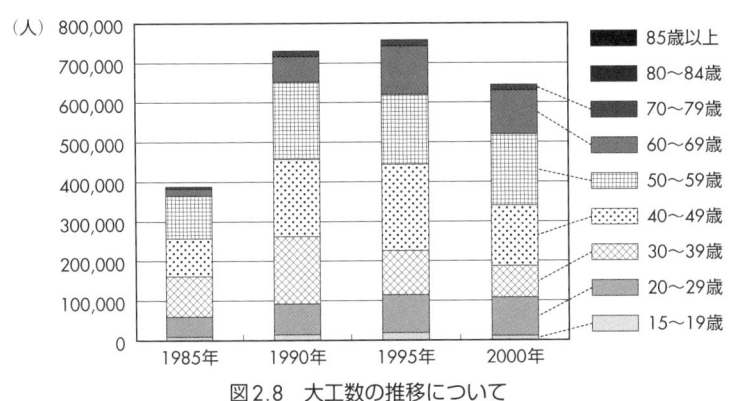

いて相当の進歩がある一方、解体、大工、内装、排水など商品化が難しく量産効果がない工程においてはほとんど進んでいない。唯一「Good-Infill工法」「NEXT-Infill」など一部の分野で工法開発が進められており、今後の発展が期待される。

では、一つの解決の手段として職人が不足していくことに対する対策を示す（図2.9）。まず、一人の職人が複数の職種をこなす「多能工」の育成であるが、賃金コストに見合う多能工が存在しなかったこと、免許が必要な配線や配管工事が存在し、工程の組み方が一様にならなかったことなどによる難しさが存在する。次の方策として考えられるのが、プラモデルを組み立てるように施工手順書さえあれば、だれでも同じ品質の施工ができる工法の開発である。前述紹介した「Good-Infill」工法では工場生産した3種類の部材の組合せだけで、表層壁、間仕切、天井の軸組が完了し、併せて配線工事、給水給湯配管工事を工場生産することで均一な工事品質と短工期を実現し、並

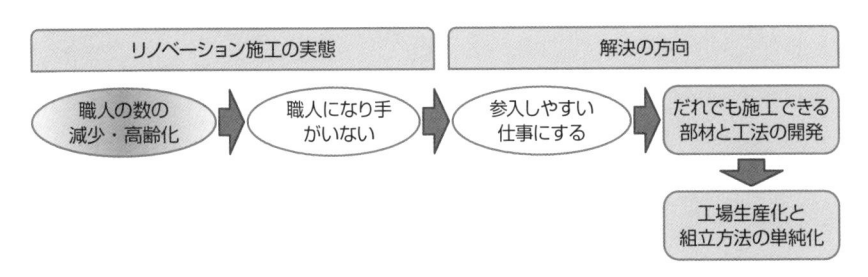

図2.9　職人不足の解決手段

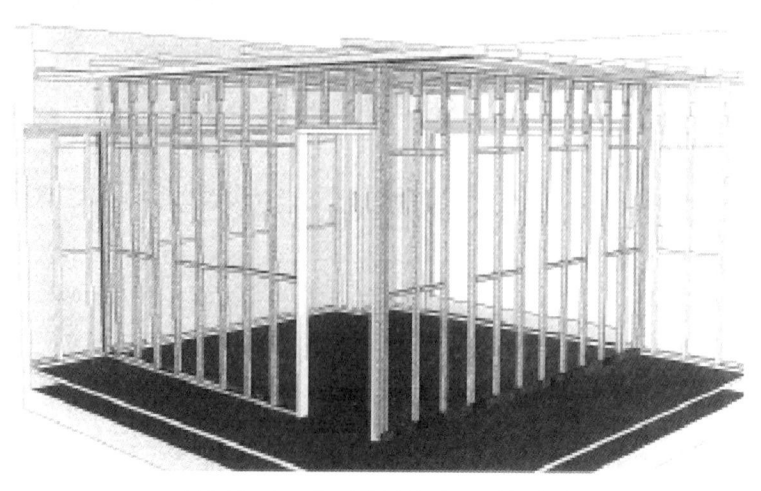

図2.10　Good-Infill工法による下地の組立例

びに隣接住戸への施工騒音問題も解決している。また、施工時の産業廃棄物発生量も大幅に削減されている。しかし、このような開発はまだほんの序の口に過ぎない。今後リノベーションが盛んになるにつれ工業化から取り残された工程がはらんでいる問題が次第に大きくなってくると考える。その中で、最も工事騒音が大きく産業廃棄物も施工全体の80％以上を占める解体工事が大きな問題になると考える。

　今後の開発において必要なことは、「Good-Infill工法」のように、できるだけ単純な施工方法にすることである。そのために必要なことは、技量ができるだけ不要な部材やシステムを開発し供給することである。従来のように1本の資材が職人の手により自在に用途が変わっていくのではなく、あらかじめ用途と使い方が決まっていて、しかもその使い方が単純である必要がある。

2.9　快適安全な空間の実現

　住宅の居住性能は、そこに住む居住者の健康・安全を守り快適に生活をするための必須条件である。昨年、国土交通省により「既存住宅インスペクション・ガイドライン」が示され、既存住宅インスペクションに対する消費者

の信頼と円滑な普及が図られている。この指針の枠組みは、①段階が既存住宅現況調査、②段階が既存住宅診断、③段階が性能向上インスペクションの3段階構成となっているが、今回のガイドライン対象は①段階のみである。しかし、診断をするということは悪いところとそのレベルを把握・指摘することだけではなく、医者のカルテや処方箋のように具体的な改修方法まで踏み込むべきというのが筆者の持論である。

この節では、居住者の生活にとってインフィル側から実現可能な住宅性能について述べていく。住宅性能をできる限り改善し快適安全な空間をつくらなければ前節に述べたデザインも画餅になりかねない。これから述べる断熱と換気性能は日常生活の中で健康を守るために特に必要なものであるし、この性能を抜きにして居住者の日常生活を語ることはできない。また、遮音性能、バリアフリーなどインフィル側でできるものは多くある。居住者にはなかなかわかりにくい居住性能をきちんとつくり上げ、健康・安全を守り快適な空間を提供したうえで、空間デザインを居住者とともにつくり上げていくことが肝要だと考える。

(1) **断熱性能**

既存躯体で十分に担保されていないことが多い断熱性能であるが、集合住宅の供給初期から新省エネ基準が施行されるころのストックまでは、まったく断熱されていないか、やせ細ったウレタン吹付けが残っている程度のマンションを多く見受ける。このように断熱性能が低い状態で仕上げがなされているので、躯体の温度が直接室温に大きく影響する状態になっている。また、壁内にはカビの発生も多く見られる（写真2.1）。

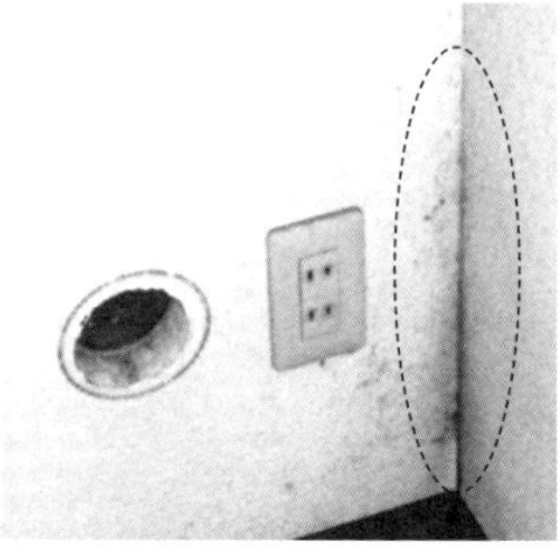

躯体はとても大きな蓄熱体なのでエアコンや他の熱源機などで冷暖房しても効果は限定的である。たとえば真夏にエアコンのスイッチを切ると、途端に暑くなるという現象は、躯体に蓄熱された熱が室内に向けて再輻射されるからである。このような状

写真2.1　カビの発生例

結露ーその対策

■ 換気で室内の水蒸気を減らす。
■ 外壁に面した壁の断熱性能を上げる。

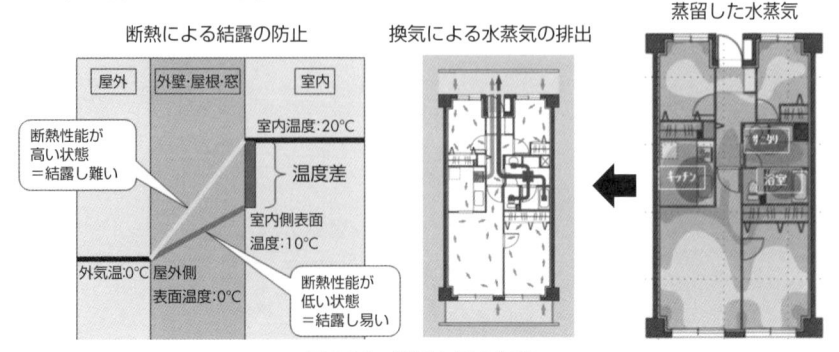

図2.11　結露とその対策

態を無視し、理論を知らずにリノベーションが行われている事例が多くみられる。

　図2.11に簡易的に結露と断熱の関係を示すが、設計者自身が理論をしっかり把握し、居住者に提案すべきだと思う。

　具体的な仕様とその評価レベルは、住宅金融支援機構編「住宅工事仕様書」と品確法の温熱環境性能に明記されている。居住者が暮らしやすい温熱環境を得るためには、少なくとも同法の「等級4」相当の設計と施工をすべきではないかと思う。また、同法の中にも記述がないが、筆者は居住空間すべてを断熱材で覆う「六面断熱」を提唱している。上下左右に人が住んでいて、そこが同じ気温で冷暖房をしているから断熱は要らない、断熱は外に面しているところだけで十分というのが今までの断熱の考え方である。省エネ基準が変わるが、これだけ空き家が増えて、さらに人の生活の時間が変わっているのに、隣は暖房をしているはずだ、冷房をしているはずだという考え方は過去のものになり、省エネのためのインフィルは、六面断熱になっていくものと考える。

(2) 換気性能

　結露を防止する手段として断熱と並んで換気がある。断熱をすることで住戸内の熱分布は均一になるが、水蒸気を屋外に排出しているわけではない。

室内には水蒸気が発生する要素がとても多くある。

たとえば成人家族4人であれば、1日当たり人体から6l、入浴2l、炊事・レンジ・食器洗いで2.5lなど10〜15lの水蒸気が発生している。この水蒸気を外気に放出しなければ、どんなに強固に断熱をしてもカビの発生は防げない。

図2.12に示すように温度と湿度は相関している。例示のように室温23℃で

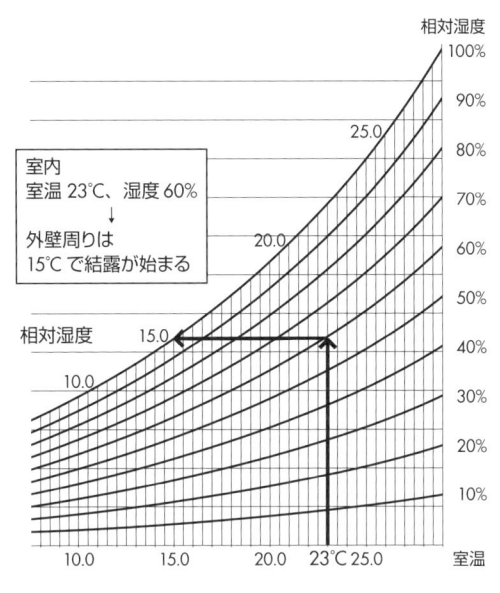

室内
室温23℃、湿度60%
↓
外壁周りは
15℃で結露が始まる

図2.12　湿り空気線図

も外気温度と近くなるサッシや外壁周りで15℃になれば、飽和水蒸気量（湿度100%）になり、結露が始まる。このように温度が高いところは同じ水蒸気量でも湿度が下がり、室温が低ければ湿度は上がる。したがって、断熱で室温分布を均一にし、換気により室内に滞留している空気を動かし、発生し続ける水蒸気を外気に放出することが必要である。

（3）床の性能

床に求められる主な性能としては、品確法に明記されている遮音性能と、床遮音ほど一般的ではないが転倒時の衝撃吸収性能がある。今後、高齢者が増えていく中で重要性を増すと思われる。表2.2（a）に示すように平成20年の東京消防庁のデータによると65歳以上の高齢者が居室で転倒し搬送された比率が最も多く、この性能の重要性を裏づけている。この2つの性能は床の構成によって実現方法が変わる。まず、直床の場合だが、床遮音性能については建材メーカーの直床用フローリングを敷き込むことで対処してきた。最近では、直床でも無垢材を使用したいという需要に対応した商材が愛知のベンチャー企業などにより開発され発売が開始されている。一方の転倒時の

衝撃吸収性能に関しては、一部で開発が進んでいるメーカーもあるが十分に開発が進んでいるわけではない。転倒時のエネルギーをコンクリートスラブに直接敷いてあるフローリングの薄いクッション材だけで受け持つので、材がもつ衝撃吸収性能よりも転倒エネルギーのほうがはるかに大きく、これから材料の技術開発が望まれる。転倒の仕方によっては複雑骨折をするともいわれている。表2.1にJISで定められた性能値を記載したが、高齢者施設レベルの性能がほしいところである。

表2.1の値はJIS A 6519「体育館用床下地構成材」の床の硬さ試験方法による値で、ゴム板が置かれた床材の測定点に、高さ20cmから、加速度計を内蔵した質量3.85kgの頭部モデルを自由落下させ、床に衝突したときの加速度の最大値を測定し、転倒衝突時の硬さを加速度「G」値で求める試験方法である。

乾式直二重床システムについては、下地側で両方の性能を満たすので、この性能について特に解決すべき課題はない。しかし、二重床にすることで従来よりも床面が上がり、天井高さを圧迫するケースも多いので設計時には注意が必要である。

表2.1 転用時の衝撃吸収性能

摘要場所	JIS No.	G値	目安
体育館	JIS A 6519	100	頭蓋骨折防止レベル
高齢者施設	———	80	
柔道場	JIS A 6519	65	
畳	———	60	脳震とう防止レベル

写真2.2 G値測定機

表2.2(a) 受傷形態別搬送人員

受傷形態	全体	比率%	65歳以上	比率%
転倒	25,023	52.3	17,887	71.5
転落、墜落	5,039	10.6	2,253	9.0
衝突	928	1.9	198	0.8
挟まれ	452	0.9	82	0.3

表2.2(b) 発生場所別搬送人員

発生場所	全体	比率%	65歳以上	比率%
居室	36,301	75.9	18,767	71.5
廊下	1,981	4.1	1,333	5.3
階段	3,243	6.8	1,550	6.2
台所	970	2.0	388	1.6

床には上記の性能以外に、1階の床面の場合に、断熱性能も必要になる場合がある。なお、直床においては、直床が必然となった下記の歴史がある。経済的にも優れた工法なので、歩行感改良と転倒衝撃性能について開発が進めば、主力な工法として存続すると思う。

[直床開発の背景と潜んでいた問題]
　戸境壁と同じようにコンクリート躯体の精度が悪いこと、スラブ厚さが薄いことなどから、床スラブがクリープしていることは一般的である（筆者が見たなかでは6cm下がっていたのが最大）。このクリープに対処するため、昭和30年代から50年代中盤に至るまでは湿式根太工法で生活床面が構成されていた。この工法はモルタルでつくった団子を床スラブに置き、そこに大引きを流し根太を敷設し、捨て板、フローリングを貼るという工法で施工されていた。この工法では、硬い物同士を重ねていくわけであるから、非常に遮音性能が悪く、建築コストも多く掛かった。そこでこれに変わる工法として直床工法が発達した。これは床スラブの精度を上げ、その上に遮音のためにカーペットを敷き詰める工法である。建築コストも安く、二重床にしない分、階高も確保できるので供給事業者にとってメリットが大きい工法であった。しかし、この工法には大きな問題が3つ潜んでいた。
　1つは音の問題である。カーペットは衛生上や毛足が摩耗する問題からフローリングに貼り換える需要が多くなった。しかし、その工事の完成により遮音性能が悪化し、上下階のトラブルを多く発生させた。
　2つ目は段差の問題である。今でこそ直床仕様の新築マンションでも水まわりのスラブを下げ、配管スペースを確保しているが、直床が主流になった当時は、そのような配慮はされていなかった。平らに打ったスラブの上に配管も、居室もインフィルとしてつくられていく。その結果、室内は段差だらけになる。リノベーション時に床面を上げバリアフリーにしようにも低く抑えた階高で天井が低くなるなど高さ方向の問題が多く発生している。
　3つ目は、前述のとおり転倒時における安全性の問題である。

(4) 戸境壁遮音性能

　前述したように、築年数が古いマンションはコンクリート躯体精度が悪いためにモルタル左官で面を平滑にしていた。しかし、それでは建築コストが高くなるので石こう系接着剤による直張り工法(GL工法)が普及した。GL工法とはGLボンドを団子状にしたものを躯体壁面に配置し、そこに石こうボードを直に貼り付けていくものである。これは、とても安価に壁面を構成できる。しかしながら、この工法が隣戸間の遮音にはとても大きな問題となるケースが多発した。遮音は質量に比例するので遮音という意味ではモルタル左官のほうがはるかにましであった。

　この問題をインフィル側で解決するには、空気振動を止めること以外にない。図2.13に示すように壁面の質量を増すことが有効であるが、壁内に空気の振動エネルギーをグラスウールなどを充填して他のエネルギー(摩擦など)に変換し低減を図る方法もある。

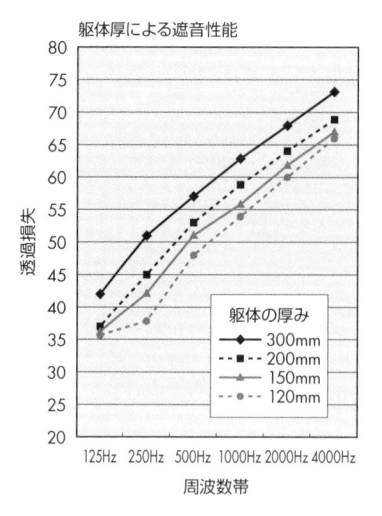

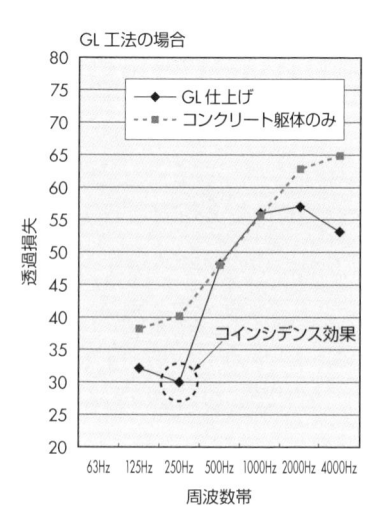

図2.13　界壁の遮音性能

(5) 可変性とシステム化

　図2.7に示したようにライフサイクルの変化により住宅のありようも変わっていく。住戸を構成する大きな面として床・間仕切壁・天井がある。現在、多く施工されている面構成は、図2.14の右図に示すように間仕切壁勝ち、床・

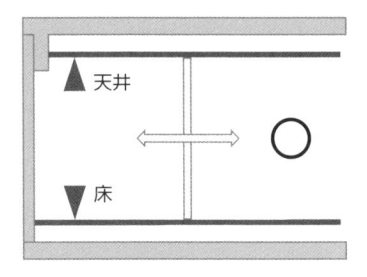

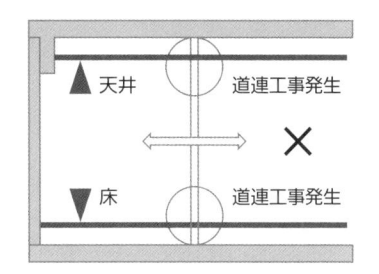

再リノベーション時

間仕切りだけ動かすので
プランの変化を行いやすい

道連れ工事が発生し
大規模化、予算高になる

図2.14　プラン変更をしやすい構成

天井負けという構成である。この構成は、施工する側としては一室ごとに決まっていくし墨も出しやすいというメリットがある。また、部屋間の遮音についても、壁下地の石こうボードが天井スラブから床スラブまですきまがない状態で貼り付けられていれば、床下や天井裏から隣室に音がまわり込むことも少なく部屋間の遮音に有効である。しかし、間仕切位置を変えようとするときは、床や天井をはがさなければならなく「道連れ工事」が多くなり、費用も大きく掛かる。この構成を図2.14の左図のように「床・天井面勝ち、間仕切負け」の構成にした場合は、比較的容易に間仕切壁の位置変更が可能になる。建物の耐用年数の中で数回起きる間取り変更需要への対応をできるだけ少ない費用と日数で考えた場合に、必ず検討すべき構成である。

　また、写真2.3のように下地や間仕切のシステム化が開発され、専門工が居なくても比較的容易にDIY的に自分でインフィルを組み立てることもできるようになっている。躯体さえあれば自分の手でインフィルをつくり上げることが可能になったわけである。

　最近のリノベーション事例を見ているとワンルームで空間構成し、パー

下地部材のシステム化　　　仕上げ部材のシステム化
写真2.3　システム化されたインフィルシステム

2　居住者の視点に立った日常生活の中のインフィル　47

ティションなどの可動間仕切で自由に空間を仕切る使い方も多くなっている。これからの可変性の高いインフィルのありかたの一つとして定着していく可能性がある。

(6) 維持管理性能と住戸内インフラ

　住宅が快適に生活する場であるには、住戸内の配管や配線が支障なく快適に使い続けられることが重要である。しかし、日々の生活の中で配管は劣化を続け、赤水や漏水、配管の詰まりなどの心配が増大する。電気配線も家電製品の増加や生活のシーンの多様化でコンセントが不足するなど、生活に支障が出る方向に日々近づいている。配管や配線を敷設替えすることはスケルトンリノベーションの場合以外には難しい。ここでは、これらが快適に支障なく居住者に生活を提供するため、設計者が配慮すべき点について述べる。

　最初に給水・給湯・排水管についてである。まず、必要なことは、点検しやすいように配慮しておくことである。品確法の維持管理性能でもこの点について明記されている。この法律では機器付近での配管の点検、清掃のしやすさを主としている。法律の記載事項はもちろんであるが、給水・給湯配管においては架橋ポリエチレン管など劣化しないとされる管材を使用したヘッダー配管方式により同時使用時の減圧による不快感防止、配管途中での分岐ジョイントをしないことによる漏水事故の発生防止が必要である。排水管においても適正な配管口径の使用、詰まりにくい継手の使用や透明継手を使用した詰まり箇所の確認の容易化など、法規則以上の安全性、機能性を提供することも念頭に入れるべきである。

　また、電気使用量削減などを通じて、CO_2排出量を削減することが市場の必須条件になっている。一律にエネルギー使用量を削減するのではなく、効率が良い使い方、無駄がない使い方が重要になる。このことをリノベーションで実施しようとすると(1)項で述べた断熱性能が重要になるが、エネルギーをどれだけ節約できたかをホームエ

写真2.4　築24年の雑排水管

ネルギーマネジメントシステム（HEMS）で確認する必要が出てくる。しかし、リノベーションを実施する築古のマンションほどインターネット環境が悪く、満足な設備を施せない。数年以内に電力会社はスマートメーターに切り替えることを検討しており、実現できた場合には、自動検針ばかりではなく、スマートシティ化していくことにより電気供給の一括管理ができるようになる。端末機器はスマートTVなど高機能化が進む。いずれ無線が発達し無線ですべてのインターネット環境が整う日が来るかもしれないが、無線はMbまでの通信容量、有線はGbの通信容量で1万倍も違う。したがって、有線かつ光回線の敷設が重要になる。これから実施する各戸のリノベーションにおいては、LAN配線をきちんと施し、住棟側の設備が更新されたときにスムーズに快適なインターネット環境を享受できるようにしておくべきであろう。

2.10　ベースインフィルと表層インフィルのコラボレーション

　前節までで、ベースインフィルと表層インフィルの役割を述べてきたが、下地の軸組の機能を強化し、現在の下地といえば石こうボードという常識が変わり、自由に着脱ができるインフィルの形態を提唱したいと思う（消防法により実現できないマンションもある）。ベースインフィルに脱着可能な仕掛けを施しておくだけで、市販の資材の組合せで十分に実現が可能なものである。これができると本当の居住者参加型のインフィルになるのではないかと思う。

　2.3節にも記述したが、インフィルの層別機能を認識することで、次のステージが見えてくるのではないだろうか。

　以上を振り返ると、RC造の集合住宅が多くなった昭和40年代は床も造作も大工がインフィルをつくっていた。当時は高い技能を有する大工も多く存在して、一品生産が可能ないわゆる匠の時代であった。しかし、その後、大量生産による分業化と専業化が進歩した。2.4節で述べたように「素人である居住者」にとってわかりにくいものになり、出来栄えも均一化していった。居住者は下地の構成も材料も知る由がなく、でき上がった空間に家具を入れ、

そこに暮らすという図2.2の構図ができ上がっていった。このことが居住者不参加の住宅マーケットを形成した元になっていると考える。このような歴史を振り戻し、プロにしかできない住宅性能部分とライフラインを請負者がきっちりつくる。一方、だれでもできる「木造のインフィルシステム」を開発して、居住者参加型のインフィルシステムを構築する。最後は職人の手でしっかりと仕舞う。これが、次の世代を担うシステムになると考える。「居住者の視点に立った日常生活の中のインフィル」とは、このように健康・安全・快適に日常生活を送ることができ、居住者の視点に立った、居住者参加の居住者のためのインフィルであると考える。

まとめ

　ベースインフィルと表層インフィルの相関、表層インフィルの系統、表層インフィルの楽しさを真に享受するためのベースインフィルの役割、今後の展開についての提案というくくりで展開した。

　「居住者の視点に立ち日常茶飯の中にインフィルが存在する」ことが大事だと思う。リノベーションは市場規模こそ大きいが、産業としては育っていない。私自身、住宅業界に携わる者として、居住者が健康、安全、快適な空間で安心できる楽しい住まいを提供していくことが、その使命だと思う。

3 スケルトン・インフィル方式で取り組む住まいのストック改修

3.1 スケルトン・インフィル方式

(1) 背景にある思想

　サポート・インフィル（オープンビルディングともよばれる）は1960年代にヨーロッパで集合住宅の主流をなしていたマスハウジング（巨大高層集合住宅）に反対の立場をとったオランダ人建築家N.J.ハブラーケン氏によって提唱された理論で、これが日本に紹介されスケルトン・インフィルとなった。

　ハブラーケン氏は個人が住戸（インフィル）をつくり、コミュニティが住棟（サポート）をつくり、街の人々が街区（アーバンティッシュ）をつくる、このそれぞれの階層ごとに住まい手と作り手の間の密な交流が、何100年もの時間を掛けて成熟した街をつくり出してきたことを指摘し、住まい手不在のマスハウジングを鋭く批判した。

　つまりスケルトン・インフィルの思想は、ヨーロッパの古い街の中で育まれてきた人と作り手の調和的な関係の回復の思想ということができる。

(2) マンション総プロから品確法へ

　オープンビルディングは世界的な建築運動としての一定の広がりをみせた

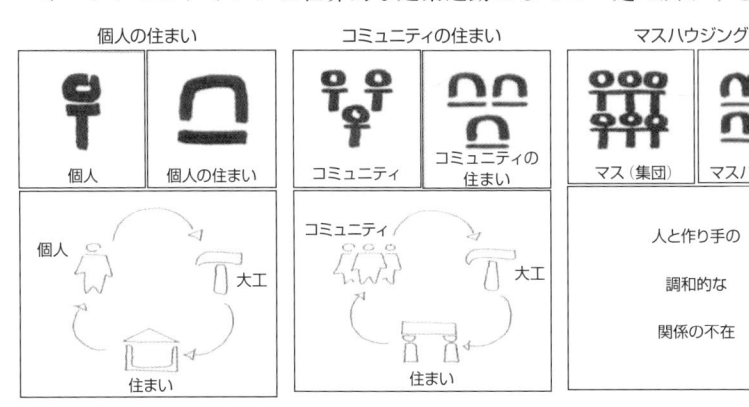

図3.1　オープンビルデイングの説明
(Housing for the Millions John Habraken and the SAR(1960-2000))

が、日本住宅公団（都市再生機構の前身）の1970年代の実験プロジェクトKEP（Kodan Experimental Project）などに取り入れられ日本でも知られるようになった。

スケルトン・インフィルを日本中に広める役割を果たしたのは約20年隔たって行われたマンション総プロ研究（1997～2001年）である。1995年（平成7年）の阪神淡路大震災のあと国土交通省（当時は建設省）が地震に強いマンションづくりとして研究の必要性を打ち出したもので、スケルトン・インフィル思想を軸にマンションに関する総合的な研究としてまとめられた。その直前の1993年（平成5年）に竣工した大阪ガス実験集合住宅NEXT21はスケルトン・インフィルの実在モデルとして、その普及におおいに役割を果たした。

写真3.1　大阪ガス実験集合住宅NEXT21（1993年）

2000年（平成12年）に「住宅の品質確保の促進等に関する法律（品確法）」が制定され、性能を尺度にして住宅の品質を評価するという基本的な考え方が住宅産業全体のコンセンサスとして広まる推進力となったが、スケルトン・インフィル研究の成果もその制定過程で一定の役割を果たした。

(3) ストック時代を迎えて

2006年（平成18年）に住生活基本法ができて、わが国の住政策はストック重視、市場重視へと大きく舵が切られることになる。長期優良住宅認定基準（2009年（平成21年）施行）は住宅がストックとして長期間にわたり良好な状態で維持管理されていくために備えるべき構造・設備等の基準として、品確法の等級を主に用いて表現したもので、スケルトン・インフィル方式のエッセンスを基準化したものとみることができる。

ストックという観点から見るならば、長期優良住宅は主に新築住宅の基準として打ち出されたもので、将来形としてのあるべきストックの姿が語られているに過ぎない。新たに優良なストックを供給し続ければ、古いものは淘

汰され、ストック全体の質は向上するとも考えられるが、まだ十分に使える住宅を壊して廃棄することは、わが国のみならず地球全体の環境問題として考え直されるべきである。

3.2　住棟レベルで取り組むスケルトン改修

　わが国の貧弱な住宅ストックをスクラップアンドビルドで壊していくのではなく、スケルトン・インフィルの思想を守りつつ既存住宅に直接に手を加え、優良ストックに改修していく道を探る必要性が意識されるようになってきている。

　3.2、3.3、3.4で書かれているストック改修の方策は、スケルトン・インフィル方式による既存住宅のあるべきストック改修の方向を、その考え方の背景とともに描いたものである。

(1) スケルトンの耐震性向上

　スケルトン・インフィル思想の源泉となった石やレンガでできた構造体は、度重なる戦火(火焔や砲弾)に耐え、幾十世代もの世帯を収容してきた。変わらないものをスケルトンとよび、変わってきたものをインフィルと区分けし

表3.1　長期優良住宅認定基準概要

性能項目等	概　　　要
劣化対策	数世代にわたり住宅の構造躯体が使用できること
耐震性	極めて稀に発生する地震に対し、継続使用のための改修の容易性を図るため、損傷のレベルの低減を図ること
維持管理・更新の容易性	構造躯体に比べ耐用年数が短い内装・設備について、維持管理(清掃・点検・補修・更新)を容易に行うために必要な措置が講じられていること
可変性	居住者のライフスタイルの変化等に応じて間取りの変更が可能な措置が講じられていること
バリアフリー性	将来のバリアフリー改修に対応できるよう共用廊下等に必要なスペースが確保されていること
省エネルギー性	必要な断熱性能等の省エネルギー性能が確保されていること
居住環境	良好な景観の形成その他の地域における居住環境の維持及び向上に配慮されたものであること
住戸面積	良好な居住水準を確保するために必要な規模を有すること
維持保全計画	建築時から将来を見据えて、定期的な点検補修等に関する計画が策定されていること

てきたものである。

　これを日本にあてはめれば、自然災害（地震・津波・台風）や火災に耐えるスケルトンが重要であり、性能的には耐震・耐火のスケルトンが必要だということである。

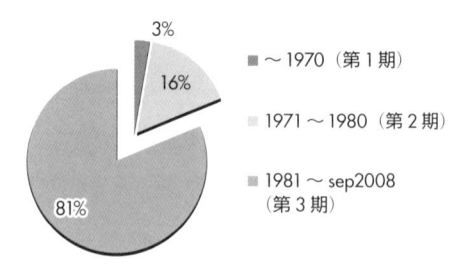

図3.2　非木造共同住宅建設時期
（総務省住宅・土地統計調査平成20年）

　～1970（第1期）　3%
　1971～1980（第2期）　16%
　1981～sep2008（第3期）　81%

　江戸以来の蔵造、明治以降の煉瓦造は、いずれも耐震性に弱点があり、近年補強された少数のもの以外はすでに壊されたか、今まさに危機に瀕している。戦前のRC造は不動産の土地活用の観点から取り壊されてしまったものが多い。残されたものは単なるストックとしてではなく、歴史的建造物として文化財的価値も考慮した補強対策を施すべきスケルトンである。

　戦後のRC造については耐震上の観点からは3期に分けられる。第1期は1971年（昭和46年）以前のもので旧耐震基準のものである。第2期は1971～1981年、第3期は1981年（昭和56年）～現在までで新耐震基準によるものである。

　第1期、第2期のものを改修によって現行基準に完全に適合させることはできない。しかし、耐震改修促進法に基づく補強によって耐震性能を現行法並みに引き上げることは可能で、実用上はこの補強方法で十分安全な住まいが実現できる（第2期のものは新耐震を前倒しして部分的に取り入れているものがあり、補強方法に違いがあるので期を別けている）。

　第3期のものは現行法どおりなので原則補強は不要な安全なスケルトンである。新築の長期優良住宅は現行法の1.25倍の耐震性があるので、更に上位に位置づけられるスケルトンである。

　第2期以前のRC造は耐震改修促進法による耐震補強をしなければ安全なスケルトンとはいえない。住戸単位での改修では実施はできないので、管理組合が主体になって住棟全体で取り組む必要がある（図3.2の調査データと耐震改修実施状況のクロス集計結果を見ると、第1期、第2期合わせて耐震改修が終了しているものは0.75%にしか過ぎない）。

(2) 多様なインフィル需要を受け入れるためのスケルトン改修

　耐震性の高いスケルトンの中に幾世代にもわたって、繰り返し居住者が住み続けられることがスケルトン・インフィル方式の目標である。

　立地条件や周辺環境は良いのだけれど、部屋がなかなか埋まらないという場合、住戸規模や設備水準に原因がある場合も多い。住棟レベルの改修によって新たなインフィル需要を喚起することができるものとして住戸規模改修と設備インフラ改修がある。

a 住戸規模改修

　市場条件からその立地上最適な住戸規模を導き出すことは可能であるが、それは現時点での適正規模であり、周辺開発条件や社会経済条件によって大きく変動する。つまり時間的なファクターを入れると、永続的に最適な住戸規模は求められない。賃貸住宅の規模は一般に狭く（全国非木造共同住宅平均 $41\ m^2$）、分譲住宅の規模は一般に広い（同 $72\ m^2$）が、長期間の供用では賃貸住宅と分譲住宅との変更も起こり得る。

　したがって、新築のスケルトン・インフィル方式では住戸戸境壁を構造壁とはせずに乾式壁でつくり、住戸規模を市場条件に合わせて可変するようにする場合がある。

　既存改修のスケルトン・インフィル方式では住戸戸境壁が耐震壁であることが多いので、耐震壁の中央に開口部を開けて、隣り合った2戸を結合して1戸にする改修が現実的な方法となる。現状の区画が大きい住戸の場合は、

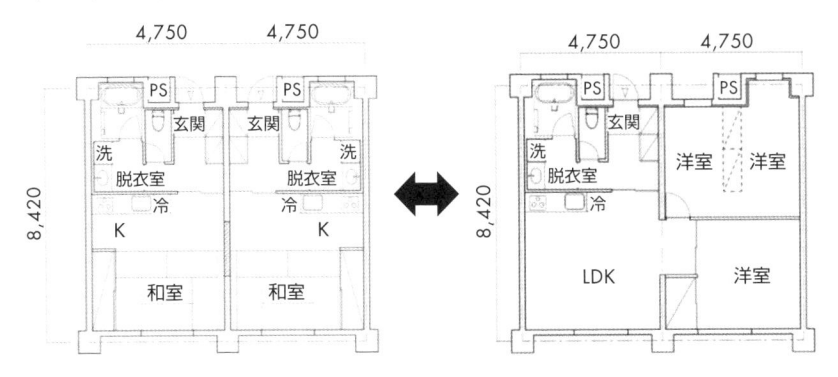

図3.3　住戸規模可変の例

区画内部に乾式壁を設置して1戸を2戸に分割する改修が考えられる。

b 設備インフラ改修

　スケルトンは耐震補強によって寿命を延ばしていくことが可能であるが、設備の延命措置には限界があって、最終的には新しく取り替えなければならない。したがって、現実には設備を全部交換するくらいならばスケルトンごと取り壊してしまうことが選択されることがある。設備の寿命でスケルトンの寿命が支配されているのである。

　新築のスケルトン・インフィル方式では、設備をスケルトンから切り離して共用廊下若しくはバルコニーに設置し、設備が老朽化したときに住みながら設備交換できるような計画を推奨している。

　既存住宅では住戸専用区画内に3（又は2）本の共用排水管が貫通していて、これらを共用廊下若しくはバルコニーに移動する改修を行ったとすると、住戸内の器具と立て管を接続する横枝管をスラブ上で勾配を取って接続するための上げ床の懐（ふところ）の確保が必要になり、天井高さ・サッシ内法高さが欠損してしまう住戸がほとんどとなる。つまり新築のスケルトン・インフィル方式の原則を守れなくなるのである。

　したがって、既存改修のスケルトン・インフィル方式では、排水立て管の外出しができないことも許容することとしている。その代わり、居住しながら排水制限を受けつつ排水立て管をその場で更新する手法の開発が課題となる。先駆的な実施例[*1]はすでに数多く取り組まれている。

*1　給排水設備研究会誌（2013.1）に多くの事例が報告されている。

3.3　住棟レベルで取り組むクラディング改修

　レンガや石の壁のスケルトンの内部にインフィルがある、というのがヨーロッパで生まれたスケルトン・インフィルの概念である。日本的な理解によるスケルトン・インフィル方式では、スケルトンをラーメンのような柱梁の軸組み構造として理解し、そこに外壁・サッシ・屋根が加わることで空間が閉じ風雨や寒暖への備えができ、その中にインフィルが入るという構成イメージへと変化してきている。その外壁・サッシ・屋根[*2]をクラディングとよ

んで、その可変に取り組んだのが大阪ガス実験集合住宅NEXT21で、何度かの改修実験でこの考え方の有効性を実証している。

*2 屋根はシェルターとして、別概念に区分する考え方もある。

クラディングは性能が衰えた時点で取り替えられ役割を終えるので、クラディングは新築でも既存改修でも同じ構法が適用できるところに大きな特徴がある。

クラディングの改修は以下に見るように、耐久性能、省エネ性能など居住者が身体感覚で解りやすい性能の向上が一挙に図れるので、住まいの市場価値向上策として有効である。クラディングは建物のデザインに大きな影響を与えるので、性能上の観点だけでなく、景観や地域性からも検討されることが望ましい。

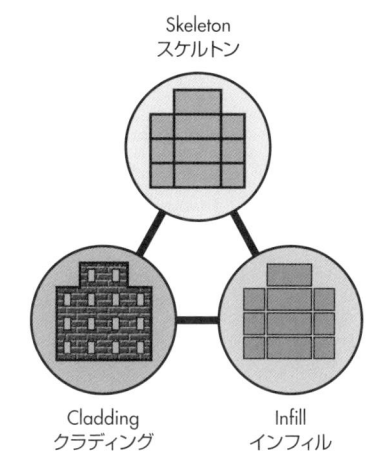

図3.4 スケルトン・インフィル・クラディングのダイアグラム

写真3.2 動くクラディング
最も先進的なクラディングシステムをもつNEXT21では、インフィルのリフォームに合わせて、クラディングが動く仕組みが取り入れられている。

3 スケルトン・インフィル方式で取り組む住まいのストック改修

(1) 耐久性向上のためのクラディング改修

　クラディングは建物に作用する環境因子（光・熱・水・音・空気）を受け止め、吸収し、又は跳ね返し、建物内部へ環境因子が直接作用することを防止する役目を果たす。受け入れた因子はクラディング内部でエネルギー転換又は化学変化することでクラディング自身が劣化し、性能が低下してクラディングの役目を終える。クラディングが更新されると再び建物は新しい表情を取り戻す。

　RC躯体の最外部に塗られる塗装膜、屋上スラブ上の防水はクラディングである。大規模修繕の度に劣化した部分は取り外され、新しい材料に更新される。このことでRC躯体の耐久性は保たれている。

　1970年以前のRC躯体は最外部にモルタルを塗布するのが通常の構法であったが、これもクラディングの役割を負っていた。経年でモルタルもはがれ、鉄筋もむき出しになった場合、劣化したRC部分を吹付けコンクリートと鉄筋で更新し、その上からポリマーセメントモルタルを吹き付けることで、長寿命化することができる。これもクラディング補修の一つである。

(2) 断熱性向上のためのクラディング改修

　日本の断熱は内断熱主流だが、RC造のように蓄熱性能の高い構造体に対しては、外断熱によって省エネ効果が上がることが知られている。ヨーロッパではレンガやALCブロックの壁の外部に断熱材を貼り、その上に化粧のPCa（プレキャスト）版を貼る構法が一般的であったが、近年、その最外層のPCa（プレキャスト）を薄い樹脂膜に置き換えた簡便な構法が浸透している。日本でも多くの導入例がある。

(3) 開口部性能向上のためのクラディング改修

　クラディングは区分所有法上の区分としては共用部に当たり、その一部であるサッシも共用部である。劣化の著しいサッシを交換する、遮音性・断熱性の向上のためサッシを2重サッシにする、ガラスをペアガラスに替える、などの改修は管理組合として取り組むことが望ましい。

　住戸のインフィル改修に伴って、サッシ改修を希望するケースが増えているので、こうした場合、インフィル改修に伴ってクラディング工事（限定部

分のみ）にも手を付けることができるように管理規約を変更しているマンションもある。

3.4 住戸レベルで取り組むインフィル改修
(1) インフィル改修範囲の決め方
　どこまでを改修範囲にするかは、居住者のニーズと予算によるが、診断の結果、予想よりも劣化が進行していて修繕範囲が拡大してしまう場合もある。解体には騒音が伴うので、タイル壁、左官壁、シンダーコンクリートなど改修後は不用であっても撤去しないという判断もありうる。
　設備は隠蔽部分にあると気がつかないうちに劣化が進行していることが多いので、必ず専門家の診断を仰ぐ必要がある。現時点で、劣化の事実がなくても、管材などから判断して今後劣化が急速に進行すると判断された場合には、修繕範囲に見込む必要がある。
　フルスケルトンリフォームとは、インフィルを全て撤去して、室内を完全にスケルトンむき出しの状態にして行うインフィル改修をいい、以下のように改修効果を飛躍的に高める目的がある。
① スケルトン状態が一目でわかり、梁型、下がり壁、スリーブの大きさなどの位置を正確に確認することができる。
② スケルトンの瑕疵の位置や程度が明らかになり対策が可能である。
③ 室内の共用排水立て管の位置及び劣化状態が正確に確認できる。
④ 改修後の間取りの自由度が増す。
⑤ 改修後の床レベルの自由度が増す。
　数世代の居住者が入れ替わることを前提とすると、30年程度のサイクルでフルスケルトンリフォームが行われれば、インフィルの健全性は保たれる。
(2) 住戸改修プランニング
a 光と風の通り道の確保
　1970年代以降に建てられたマンションは住戸間口が狭く奥行の長い、フロンテージセーブ型プランが多く、バルコニー側と廊下側の開口部は遠く離れているので中央部が薄暗く、空気も淀みがちである。人工照明や換気扇の

性能に頼って、自然の通風、日照・採光を重視しないプランニング思想があった。インフィルリフォームでは、玄関、掃出し窓、腰窓、小窓などのサッシの位置・大きさをわずかでも変えることはできない。このような制約の中で、環境性能の良い住宅をつくり上げるためには「光」と「風」の通り道を可能な限り確保するプランニングが望まれる。ガラス戸、引き戸、室内の通風窓などの活用が望まれる。

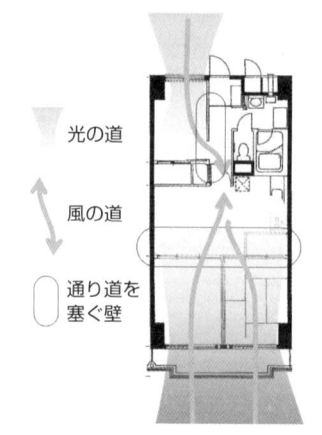

図3.5 風も光も通らないプラン例
フロンテージの狭い住戸プランでは光と風の道を確保して、環境性能の高い住戸へのリフォームが望まれる。

b 水まわりの移動

新築のスケルトン・インフィルと違って既設リフォームのスケルトン・インフィルでは水まわりの配置に大きな制約がある。

既存の3本の共用排水立て管（汚水系1本、雑排水系2（又は1）本）の位置、横枝管への分岐管、接続器具種については変更できないものと考えざるを得ない。立て管、横枝管の現状の取付き高さから排水勾配1/50を考慮した範囲で器具の取付け高さが限定される。排水管の通気システムは多様なので、必ず専門家の判断を仰ぐ必要がある。これらの制約条件をクリアしたうえで便所、洗面所、洗濯パン、浴室、台所をレイアウトする必要がある。

既存立て管の老朽化、閉塞、基準よりも細い管径などが工事途中で明らかになると改修工事が中断するなどの不測の事態を招きかねない。事前に十分な専門家の診断が必要である。

c バリアフリー化

既存住宅を幾世代もの居住者が繰り返し住むことを想定すると、バリアフリーであることが

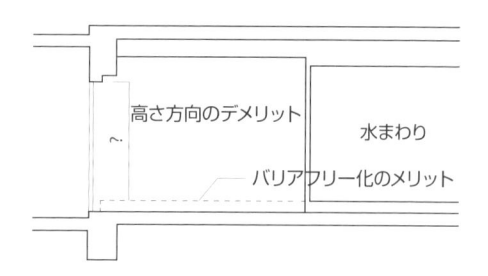

図3.6 バリアフリー化のメリット・デメリット
既存住宅には、バリアフリー化できない躯体条件が少なくない。

望ましい。各所の段差、手摺の設置、廊下などの幅員を高齢者対応の仕様とすることが望まれる。

既存住宅の中には、水まわりのみ床が高くなっていて、その他の部分は直スラブで仕上げられているものも少なくない。その場合、水まわりの床レベルに合わせて、住戸全体に上げ床を採用する改修がありうる。ただしその場合、梁下寸法、開口部寸法などに無理が生じないかどうかを測定し慎重な判断が望まれる。

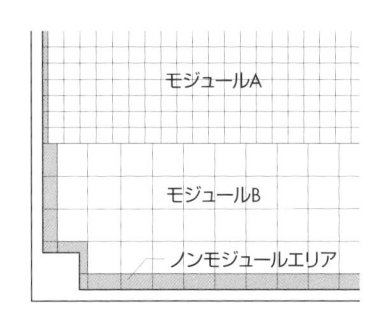

図3.7 インフィルモジュールのルール
製品ごとにモジュールが異なっても、住戸内で共存できるモジュールのルールがある。

(3) インフィル構法ルール
a インフィルモジュール

既存住宅においては、いま建っているままの躯体の内側に、必要な断熱性能をもった表層壁を張り巡らし、その計測された内法寸法の中で、メーカー推奨の機能寸法、間仕切壁厚さを、内法面合わせで割り込ませていく、という方針をとらざるを得ない。あらかじめモジュールラインを決めることは不合理となってしまう。

もしモジュールが成立するとしたら、あるモジュールで設計された内装部品(間仕切壁、家具)を設置するときには、その設置エリア内では製品モジュールが成立している。その場合、必ずしも、同一モジュールでなく、異なっ

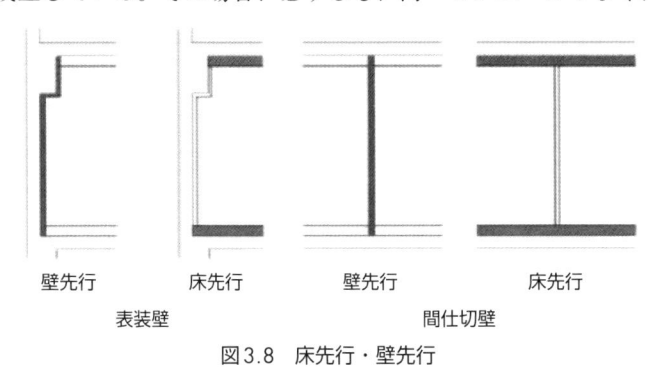

図3.8 床先行・壁先行

たモジュールをもった製品を隣り合わせに設置することも、許容されなければならない。その場合、異なった製品モジュールエリアどうしの境界はシングルライン面合わせとなる。

　このようにして成立した製品モジュールエリアとそれを取り囲む表層壁との間は必ず現場合わせノンモジュールエリアとする。

b 床先行・壁先行

　インフィルの床と壁の施工手順でどちらを先行するのがよいかについては両論があり市場でも共存している。

　個室間の遮音を重視すべきとする考えからは壁先行が導かれる。この考え方は従来から根強くある。一方、間仕切の移動しやすさを重視する考えからは床先行が導かれる。新築のスケルトン・インフィル方式では、この考えが採用されてきた。既設リフォームのスケルトン・インフィル方式では、30年間動かさない壁であれば壁先行とし、それより早く動かす壁は、床先行とするという仕分けが良いバランスである。

c 軸組構法・天井構法

　インフィルの軸組構法には木製、LGS製、パネル製、下地パネル製などの種類があり、市場では競争関係にある。

1) 木製軸組

　既存住宅で改修を繰り返すという観点からは、最も融通が効く構法である。大工が施工するので施工費は高めである。新築工事ではコスト的にLGS製が優勢であるが、既存改修ではリフォーム期間中大工しかできない取合い箇所が数多く発生するので、軸組も大工がやったほうが総合的によい場合も多い。

2) LGS軸組

　軽鉄工とボード工だけで壁ができるので、施工費の高い大工を減らすという観点から採用される傾向にある。きめ細かな改修には不向きで、将来全て撤去する場所、若しくは決して改修しない場所に向いている。

3) パネル製

　同じ住戸プランが数多くあるような大規模な現場に向いている。現場の各

種工事と摺り合わせてパネル設計が完了するまでに多くの時間と労力が掛かるが、工場での製作、現場での取付けの省力効果が大きい。賃貸住宅など、一斉に住戸規模を変更して大量供給する場合に向いている。

4) 下地パネル製

　工場で一定寸法の大きさのパネルを表面材なしの下地だけで製作し、現場で大工が取り付けた後に、表面材も現場で施工する。パネル工法でありながら図面上で割付け図を書かずに、大工が割り付けながら取り付けていくので施工の省力化が図れる。

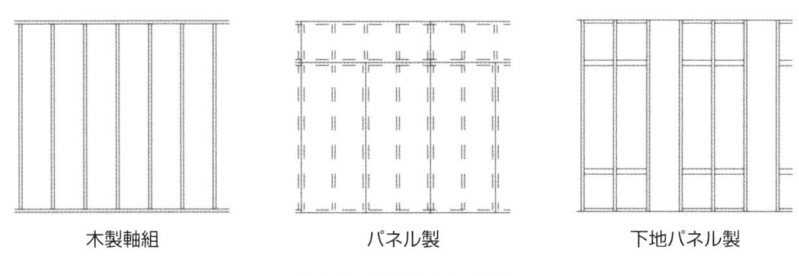

図3.9　軸組構法の種類

（木製軸組／パネル製／下地パネル製）

d　RC躯体との取合い

1) アンカー

　既存の天井スラブ下面、吊りボルト用打込みアンカーはできる限り再利用する。重量物固定用にはトルク値の確認が可能なあと施工アンカーを用いる。壁下地固定用アンカーはエア式（または火薬式）打込み釘で施工する。状況によって接着剤を併用する。

2) スリーブ

　冷媒管などの小口径のスリーブは構造上主要でない雑壁の中央付近で雨水の流入のおそれのない高さに施工する。

　以上のアンカー、スリーブについては管理規約等で厳しい制限を設けている所が少なくないので、管理組合と協議して進める必要がある。

3.5 求道学舎リノベーションにみる改修技術

(1) 求道学舎リノベーションの概要
スケルトン・インフィル方式による既存改修への取組み事例として、求道学舎リノベーションを取り上げる。

求道学舎は、東京本郷に大正15年（1926年）、鉄筋コンクリート造で建てられた学生寮（武田五一設計）である。老朽化により寄宿生は減り1999年（平成11年）に廃屋化した。2006年（平成18年）にコーポラティブ方式を用いた定期借地権分譲のプロジェクトにより区分所有マンションに生まれ変わった。

　　構造：鉄筋コンクリート造
　　階数：3階建て
　　延べ床面積：768.01 m^2
　　住戸数：11戸

(2) 改修範囲
外装・内装・設備の全て撤去し、完全なスケルトン状態に戻してから改修する、いわゆる一棟丸ごとリノベーションである。

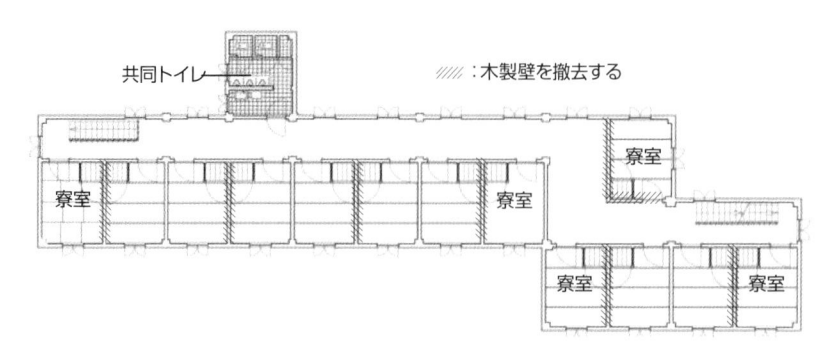

図3.10　既存3階平面図

(3) スケルトン改修
スケルトンの耐震性向上と多様なインフィル需要を受け入れるためのスケルトン改修を行う。

内装・設備を全て取り払ってフルスケルトン状態になった内部の状態を写

真3.3に示す。外壁のモルタルと建物内部の漆喰壁の全てをはつり取り、躯体が直に目視できる状態をつくりだす。この措置を施すことによってコンクリート躯体の状態が全て把握でき、改修方針が正確に立てられる。

a 耐震改修を行う

　この鉄筋コンクリートは、集合住宅の事例として日本に現存するものとしては最古の時期に属する。当時はコンクリート打設技術そのものが未熟で、施工不良な部分が随所に見かけられる。手練の生コンをネコ車に入れて丸太足場を使って各所に配るという施工方法のため、ジャンカ部分が多く認められる。打継部分に明らかなコールドジョイントが認められる。耐震改修を行う以前に既存の不良な鉄筋コンクリートを健全なものとするための措置を施さなければならなかった。

写真3.3　フルスケルトン状態

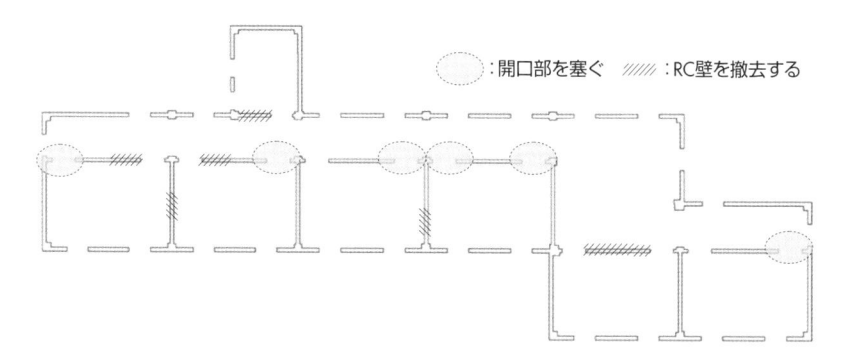

図3.11　3階耐震補強平面図

　コンクリートの不良な箇所は全てはつりだし、吹付けコンクリートに置き換えた。錆びている鉄筋ははつりだし、切除して新しい鉄筋に置き換え溶接した。

　耐震改修で活躍した吹付けコンクリートの施工中の様子を写真3.4に示す。乾燥した状態のセメントと骨材の混合物を圧送し、手元のノズルで圧送水と混ぜて生コン化させて壁面に吹き付ける。仕上げは左官で均す。片面型枠で

打設できるので、ジャンカ部分を撤去した部分などの入り組んだ部分も確実に打設できる。

　幸運にも既存のコンクリート強度は十分あった。鉄筋の引張り試験の結果、ほとんど劣化は見られなかった。もともと寄宿舎という用途は壁の多い空間構成であるため、耐震診断の結果からは要所の既存の壁の厚さを、鉄筋を組んで増やせば、耐震上十分な安全性が得られることがわかった。

写真3.4　吹付けコンクリート施工状況

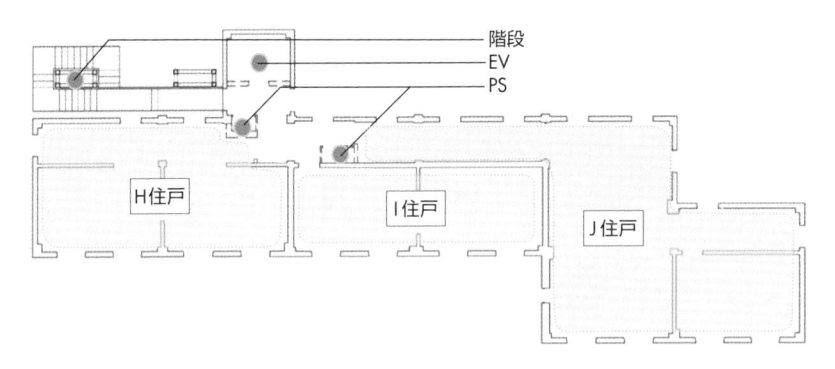

図3.12　3階改修後スケルトン図

b　住戸割・PS設置・階段設置・EV設置

　住戸割は、かつての寮室を複数結合し1住戸をつくりだすという考え方に基づき、寮室を2室、3室、4室、5室などと組み合わせてそれぞれ住戸とし、バリエーションのある11戸を生み出した。廊下部分も可能な限り住戸内に取り込んだ。

　この建物は大変階高が高く、新築用スケルトン・インフィルの技術が数多く投入可能であった。

　共用廊下に新たなパイプスペースを設け、そこから各所の設備機器まで横引き配管を布設するには、床下に250 mm程度の懐が必要であるが、求道学舎では余裕をもってこの条件をクリアできた。換気経路についても天井高を

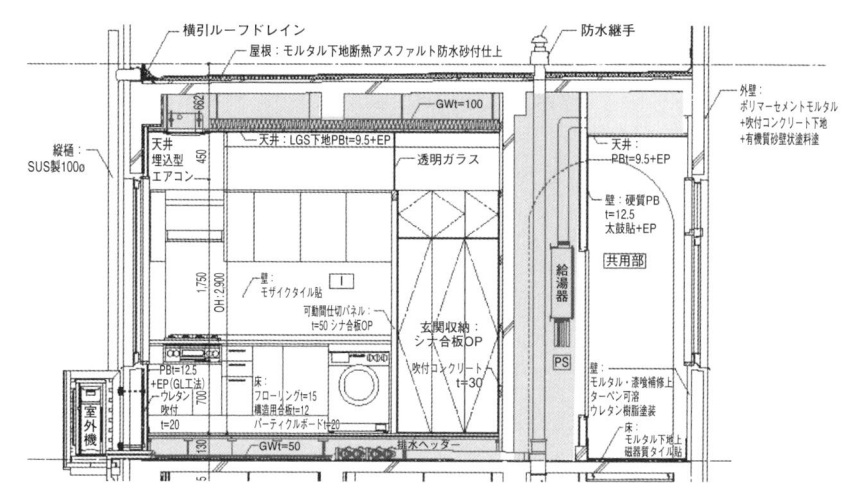

図3.13　3階断面図

2,400 mm以上確保したうえで悠々と天井裏内に収まった。

既存の階段は共同住宅の階段に必要な要件を満たしていないので、これらは住戸内部に取り込み、新たに外部階段を設置した。

エレベーターはかつての共用トイレの部分に設置した。

(4) クラディング改修

歴史的建造物の意匠を可能な限り保存するという考え方を維持しつつ、住戸の居住性の確保、外皮性能の増進を図るためのクラディング改修を行った。

a 開口部性能の確保

既存のスチールサッシを撤去して、アルミサッシと交換した。

北面は従前の開口形状を踏襲したが、南面は居住性確保のため開口面積を広げ、室外機置場、避難バルコニーを設置した。

b 耐久性向上のためのクラディング改修

耐震改修工事にプラスして、耐久性向上のために、ポリマーセメントモルタル t = 15mm を塗った。さらにその上に外壁のゆがみ補正のた

写真3.5　北側外観

3　スケルトン・インフィル方式で取り組む住まいのストック改修 | 67

めに吹付けコンクリートを施工した。そして最外装として、樹脂系吹付け材を施工した。

伸縮目地は、タテヨコ約3,000mmピッチで確保した。

将来的な計画修繕の対象としては最外装吹付け材と、シールの打直しを考えている。

c 室内側から吹付け断熱材を施工

外皮の断熱性を確保するために、外周壁の部分は全て部屋内側からウレタンを吹き付けた。

(5) インフィル改修

住戸の区画線だけを決めた状態で、それぞれの住戸の居住者を募集し、住戸内のプランニングは居住者の意見を聞きながら住まい手参加型で設計を行った。階高が高いため、水まわりをどこに移動しても排水勾配が確保できるので、居住者の希望する位置に水まわりを設置することができ、居住者の高い満足度が確保された。

既存の住棟形状が住戸奥行の浅い形態をしているため、必然的に住戸間口は広くなり、全般的に環境性能のよい住戸が実現できた。

以下に3階の3住戸についてプランニングを示す。

① J住戸

かつての共用廊下を8mほど、住戸内に取り込んだ住戸である。プロジェクト採算上、専有部分をできるだけ増やさざるを得ず、極めて不整形な住戸形状になって、逆に販売上のリスクを抱えてしまっていた。しかし、居住者はこの細長いスペースが念願の書棚になると踏んで、一目で気に入って購入を決めたという。

写真3.6　J住戸

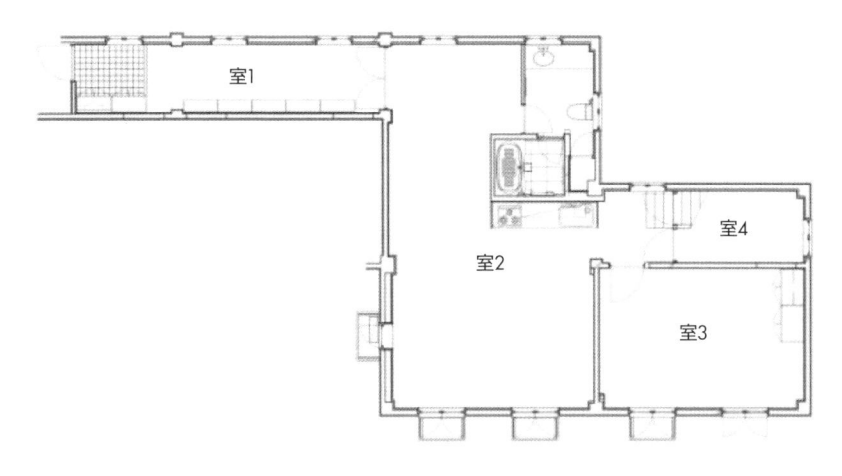

図3.14　J住戸平面図

② I住戸

　寮室を4つ、横に並べた区画内にできた住戸である。細長い、ウナギの寝床のような住戸形状であるが、住戸奥行きが浅いため、大変豊かな環境性能となっている。北側に窓がないことが環境上全く不利になっていない。

写真3.7　I住戸

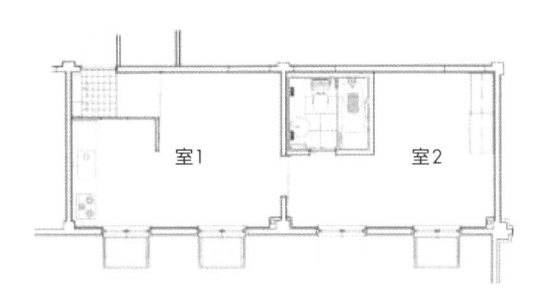

図3.15　I住戸平面図

③ H住戸

　かつての共用廊下部分に、水まわりを集中させた住戸プラン。階段部分はスラブを打設して、下階と縁を切っている。この結果、室2、室3が自由な空間になっていて、居住者は、ここに可動間仕切家具を入れてさまざまな空間配置を楽しんで生活している。

3　スケルトン・インフィル方式で取り組む住まいのストック改修

写真3.8　H住戸

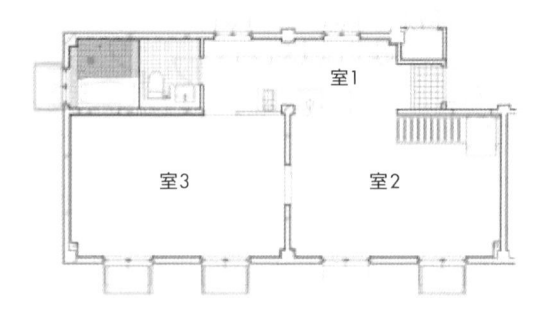

図3.16　H住戸平面図

3.6　一棟丸ごとリノベーションビジネス

(1) 一棟丸ごとリノベーションビジネス

　R社が手がける一棟丸ごとリノベーション事業とは、企業の社宅や賃貸マンションなど既存の集合住宅を一棟丸ごと買い取り、その専有部、共用部ともに丸ごとリノベーションし、価値を高めエンドユーザーに一住戸ごとに分譲する仕組みである。白紙から計画をつくる新築マンションと違って、リノベーション事業は現状の把握からスタートすることが重要である。まず既存建物の調査診断を行い（図3.17-①、②）、良いところ悪いところを見極め、利用できる部分は活かしながら安全性と性能、デザイン性を確保、さらに自分

① 厳選した既存建物
② 建物・設備診断
③ 建物全体大規模修繕
④ 外観・共用部のデザインリノベーション
⑤ 再新設備の導入
⑥ 専有部のデザインリノベーションと自由設計

ValueUP!
○○全体の質の向上

⑦ 1棟まるごとリノベーション

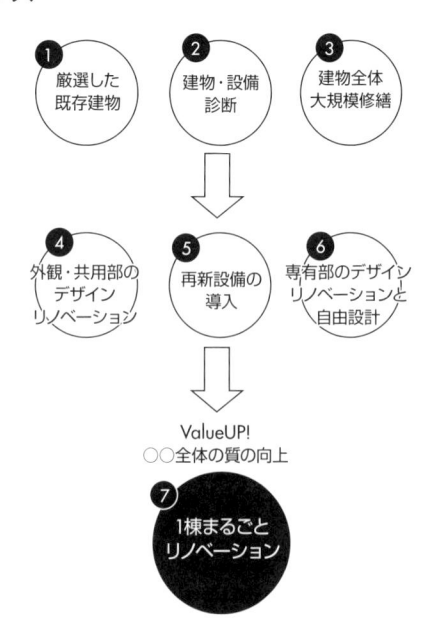

図3.17　一棟丸ごとリノベーション事業の流れ（R社HPより抜粋）

＊再価値化のための大前提として、既存住宅そのものの安全性確保がある。本事業は独自のデューデリジェンスに基づいた情報開示と改修はもちろん、すでにスタートしている既存住宅販売瑕疵保険を利用するなどして、積極的に客観的な安全性の確保に努めている。また、既存住宅流通にかかわるさまざまな業種が参加する「一般社団法人リノベーション住宅推進協会」が設立されている。検査、工事、情報開示、保証、住宅履歴の蓄積を踏まえたリノベーションの品質基準を設定し、既存住宅への安全・安心を多方面から検証している。

70　｜　3　スケルトン・インフィル方式で取り組む住まいのストック改修

らしい住まいを実現する自由設計の仕組みを取り入れ、再価値化を目指す（図3.17-③、⑤、⑥＊）。ユーザーから見ると、既存建物を活用することで、合理的に自分らしい住まいの取得が可能となる。また、スクラップアンドビルドに比べると環境負荷が低く、住環境の変化や工事による周辺住民への負担も少ない。

　一棟丸ごとリノベーションは、建物全体を調査・診断のうえリノベーションできるからこそ本質的な再生が可能である。そして、本質的な部分に踏み込めるからこそ社会的責任は重く、単なる不動産再生のビジネスモデルと捉えると、逆に将来に問題を残すことになりかねない側面も持ち合わせている。

(2) ビジネスの背景とその役割

　日本の住宅業界は、戦後から高度経済成長期の住宅需要に応えるための新築供給によって発展してきた。それゆえ、高度経済成長期以降も、平均して築後30年あまりでスクラップアンドビルドを繰り返してきた。しかし、現在、日本にはすでに750万戸を超える空き家（2008年（平成20年）、総務省「住宅土地統計」）が存在し、実に7.5戸に1戸が空き家という状況である。さらに今後人口は減少の一途をたどり、一段と少子高齢化が進むことで住宅需要は大きく変化し、このまま新築供給を続けると2040年には空き家率が40％を超えるという推計もされている（2009年、野村総合研究所「人口減少時代の住宅・土地利用・社会資本管理の問題とその解決に向けて（下）〜2040年の日本の空家問題への対応策案」）。こうなると、老朽化の有無にかかわらず価値の低下する不動産が増加し、国民が所有する資産の価値さえ危ぶまれるという状況も想定される。そんな中で、住宅業界が目指すべき姿は、これまで創り続けてきたものの価値をいかにして高めることができるのかを再考し、ストック活用型社会、持続可能（サステイナブル）な社会の実現に向けてさまざまな仕組みを考えることである。

　ハードは、時とともに必ず陳腐化・老朽化する。再価値化のプロセスで重要なことは、単にハードを改修するということだけでなく、ソフトの要素（仕組み）を組み合わせ、住まう人々が本質的に住まいに求めているものを具現化していくことである。

(3) 事業のポイント

　本事業においては、既存建物を社会資産として捉え、100年後も良好な状態を保つことが重要である。必然的に、サステイナブル(持続可能性)な仕組みをもたせることが不可欠であり、建物の維持管理・修繕に留まらない視点が必要である。

　当たり前のことではあるが、住まいは完成してからがスタートで完成後はユーザーの手に委ねられる。住まいづくりの本質とはユーザーに安心と愛着をもたらす場所の提供である。真の安心とはユーザーが愛着をもって維持管理修繕をしていくことで得られ、愛着とは、自ら考え、意思決定をするなかでユーザー自身によってつくり上げられるものである。そのためにR社が重視し、事業に取り入れているポイントを5つ下記する。

　①周辺環境との調和
　②コミュニティ
　③ライフサイクルコスト
　④資源・エネルギー
　⑤住宅リテラシーの向上

① 周辺環境との調和

　リノベーションは建物が現存するため、周辺環境に対して建物がどうあるべきか考えるよい機会となる。敷地内に留まらず、自らの敷地を地域に積極的に開き、その趣旨を共有すれば、ユーザーと周辺住民に良好な関係が築かれ、自分の街に誇りをもてる環境をつくることも可能である。

写真3.9　外観のバリューアップによる環境変化(リノア元住吉)

② コミュニティ

　本事業では共用部にさまざまな仕掛けを施し、その自然な形成を促している。例えば通常、管理コストや危険性の面から伐採の対象となる既存樹に、再生というテーマを与えた「森のリノベーション」。ユーザーが自ら「既存のもの」

写真3.10　既存樹保存を目的としたコミュニティイベント(リノア赤羽)

を資産に育てるという、リノベーションのプロセスを体感する仕組みである。樹木医による「森の教室」や、森に設けたデッキテラスを塗装するワークショップなど、森のある暮らしを住民達自身がつくる。そこに如何に自分の住まいを維持管理していくのかという共通の視点をもつコミュニティが生まれる。さらに程良い敷地内でのつながりは、ヒューマンセキュリティという安全面維持にも大きな役割を果たす。コミュニティはユーザーが住みやすさを考えるうえで重要な課題である。

③ ライフサイクルコスト　④ 資源・エネルギー

　本事業では、太陽光発電や一括受電の仕組みを積極的に取り入れている。通常、これらは環境配慮などCSR的な側面で語られることが多い分野であるが、本事業ではコストダウンした分を修繕などの維持管理費に充てることができるなど、やはりユーザーが住まいについて自ら意思決定をするという

写真3.11　太陽光発電のある一棟丸ごとリノベーション(リノア元住吉)

観点から、物件に合わせた仕組みが用いられている。

⑤ 住宅リテラシーの向上

　本事業では、専有部に自由設計という仕組みを提供している。つまり専有部でユーザーが使用する素材・間取りなどを自由に決めることができるもの

3　スケルトン・インフィル方式で取り組む住まいのストック改修 ｜ 73

写真3.12　自由設計で変化した専有部

だ。やはりここにも自ら考え、意思決定をするというプロセスを通じて、ユーザーに住まいへの高い意識を育んでいけるように、との想いからきている。自由設計を通し、駅近、広さといった物件概要ではなく、自分の価値観に合う住まいに出会う。DIY体験など住宅について幅広い知識を提供する機会も重要だが、自由設計は「自分にとっての豊かさ」を知る、真の住宅リテラシーの向上の機会だと捉えている。結果として、本事業では写真3.12のように、各専有部でユーザーの価値観を反映した色、素材、間取りを使った空間が生まれている。

　以上5つの要素によって、長期的視点でデザインされたハードとソフト両面の仕組みをもって、既存マンションはサステイナブルな建物に生まれ変わる。再価値化が施された既存マンションは、ユーザー、そしてその地域、ひいてはわが国にとっての財産、つまり社会資産として新たなスタートを切ることになる。

(4) 本事業展開の意義

　人々の暮らしに求める価値観は、近年大幅に変化した。住環境の果たす役割も、より大きいものになりつつある。住まいは単なる衣食住を満たす箱から、自分らしい暮らしを実現するための器へと発展した。そして、より多様

74　|　3　スケルトン・インフィル方式で取り組む住まいのストック改修

なライフスタイルに対応できる住まいの選択肢が、ユーザーから求められるようになった。また、昨今は、エネルギーや地域との共生など社会に対するサステイナブルな責任も、暮らしの要素として重視されるようになっている。

　これまで住宅業界は、時代に合わせてさまざまな仕組みをデザインしてきた。高度経済成長期では、ハウスメーカーに象徴されるように、箱を大量供給する仕組みがデザインされた。その後1990年代に入り、デザイナーズマンションの隆盛に見られるとおり、人々のこだわりに応じて建築というハードウェアのデザインに力が注がれた。では、今日の住宅業界に求められているものとは何であろうか。それは、将来にわたって、長期的な視点で、人々の暮らしそのものをどうデザインしていくのか、その仕組みを考えていくことではないだろうか。

3.7　マンションの住戸買取り再販ビジネス

　マンション・リノベーション・ビジネスの一つの形態として、住戸の買取り再販ビジネスが拡大している。中古マンションの一住戸を企業が買取り、リノベーションを行った後に再販するものである。1990年代に始まり、2000年代には徐々に普及・定着した。この買取り再販ビジネスについて、あるリノベーション企業(I社)の取組みを事例に紹介する。

(1) 住戸買取り再販ビジネス成立の背景

　従来、住戸の売買は、不動産仲介を通じて個人と個人の取引で行われてきた。しかしながら、中古住宅を購入しようとした場合にいくつもの問題があった。

① 時代に合わないプラン・設備・住宅性能

　和室が多い間取りや旧式な設備など、自分のライフスタイルや好みに合わない場合が多く、また、省エネ・遮音などの住宅性能が低いことなど、住宅としての魅力に欠ける。

② 購入後のリフォーム工事の費用が不明

　住戸購入後に工事を実施したいと考えても、どの程度の費用が掛かるかわからず、資金計画を立てにくいこと。リフォームでどの程度、自分の希望が

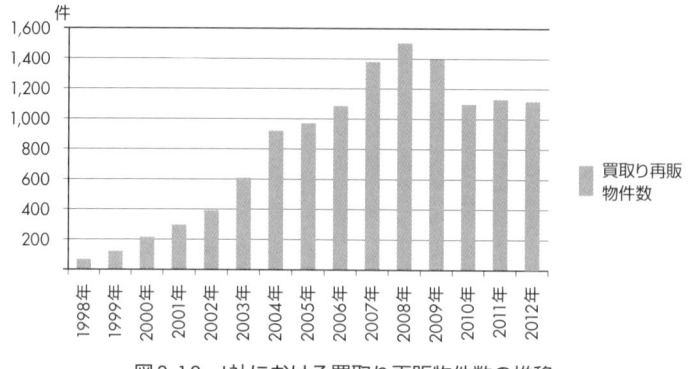

図3.18　I社における買取り再販物件数の推移

写真3.13　スケルトン状態の住戸

写真3.14　リノベーション後

実現するかわからない。

③ 瑕疵対応の不安

隠れた不良がないか、購入後に瑕疵が見つかった場合に、売主にきちんと対応してもらえるかという不安がある。

買取り再販ビジネスでは、時代に合ったプランや設備・性能へのリノベーションの実施、工事費用を含む物件価格での販売のほか、施工後の検査とア

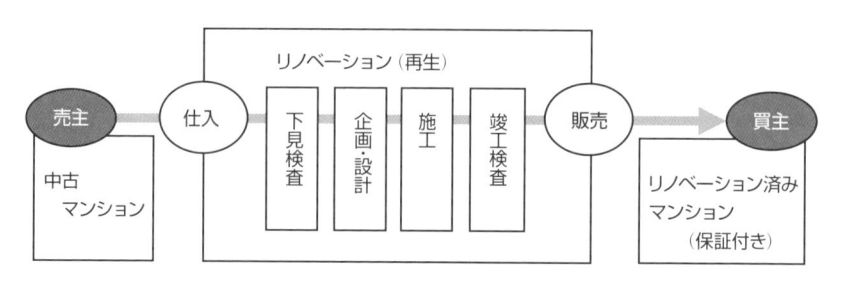

図3.19　買取り再販のビジネス・フロー

フターサービス保証が行われている。これらは、従来の個人間取引に合った住宅購入者の不安の解消につながり、中古住宅流通の活性化に向けたビジネスモデルとなっている。

図3.19に買取り再販ビジネスでのリノベーションの概要を示す。

(2) 市場ニーズを掴み多様な品揃えを

中古の住戸を商品として販売するため、購入する顧客像を想定して、求められるプラン、設備、住宅性能や販売価格を検討してリノベーションを実施する。築数年の新しい物件から築後40年を経過した物件まで対象となる。物件の状況に合

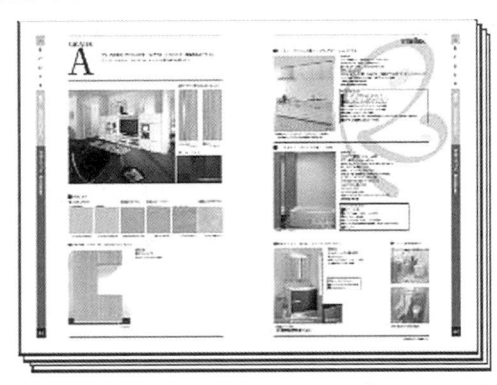

図3.20　グレード別設備ラインナップ・マニュアル

わせて既存を生かすものと新規とするものを判断し、マニュアルを基にプラン・仕様と価格の両面で商品として最適なものを企画・設計し、施工を行う。住宅購入者にとっては完成後に見て、多くの物件の中から自分に合ったものを選択することができるメリットは大きい。

(3) 建設された時代ごとに対応マニュアルを変える

企画・設計の際に重要となるのは、解体・施工前の下見段階での物件状況の把握である。竣工図面と現況が異なる場合もあり、現場で慎重な状況確認を行う。寸法や納まりの確認のほか、設備の作動検査などを行い、既存設備の活用と新規設備への交換を検討する。そのうえで設計を行うことになるが、

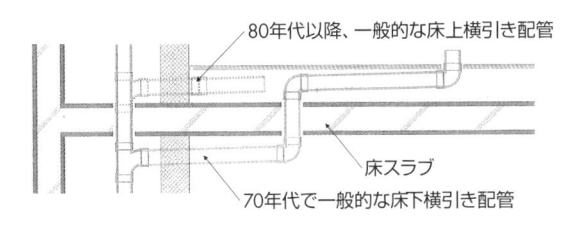

図3.21　建築年代と専有部横引き排水配管

解体後に現場を再確認して想定と異なる状況が発覚した場合は、それに応じた設計変更が必要になることもある。

　中古マンションのリノベーションを行う場合に新築と異なる点は、劣化が進んでいる場合があることと、建設された年代によって工法や設備、仕様、納まりなどが異なることである。プランを変更する場合も階高や梁の位置、配管の経路や既存の共用配管の位置など、物件に合わせた設計が必要である。例えば、排水管は、1980年代の建物では、スラブ上に横引き配管して共用立て管に接続する方法が一般的だが、1970年代では、スラブ下の他住戸の天井裏に横引き配管されている場合が多い。スラブ貫通部の配管径も50mmや40mmなど、非常に細い場合が多く、それを考慮して排水経路を工夫する必要がある。複数の設備配管を合流させた場合に排水能力が不足する場合も多い。

　施工に当たっては、建設年代やその状況に応じてマニュアルを変える必要

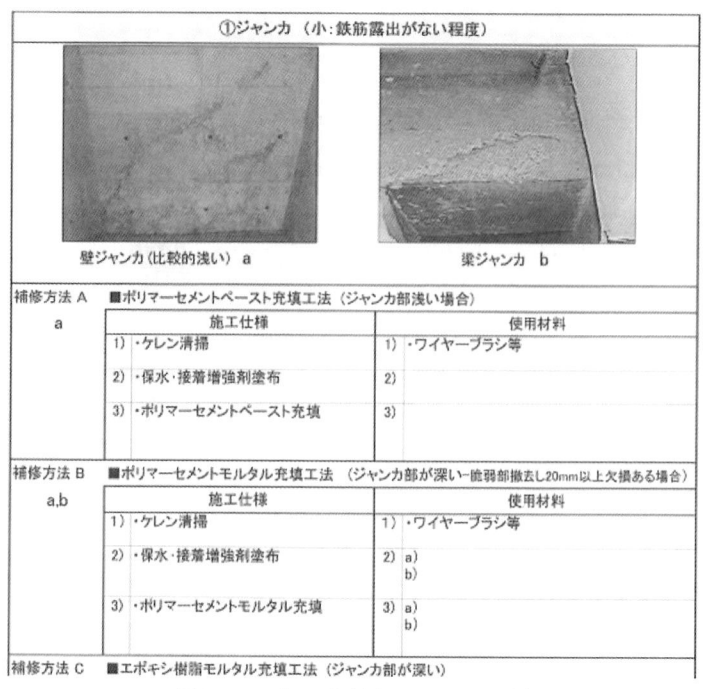

図3.22　ジャンカ対応のマニュアル例

3　スケルトン・インフィル方式で取り組む住まいのストック改修

がある。図3.22に、躯体にジャンカ等があった場合のマニュアルの例を示す。

現在の技術・工法の知識があれば設計・施工できる新築と異なり、中古マンションのリノベーションでは、設計者は、建設当時の技術や法規などの知識を十分に深めて、適切な対応を行うことが求められる。

(4) 共用部分の瑕疵を発見したら

専有部のインフィル解体後に発覚した共用部の不具合の例を紹介する。築31年のマンション住戸を解体した際に梁の一部がはつられ、スターラップが切断されているのが発見された。以前にユニットバスのリフォームをした際に干渉した梁をはつってしまったものと推定される。躯体は共用部であり、マンションの管理組合と対応について話し合う必要がある。I社はマンション管理組合に状況を説明し、第三者機関の作成した補修マニュアルを示して補修方法を提案した。管理組合の費用負担で補修工事を行うことができた。補修せずに隠蔽されてしまっていたら、構造上の重大瑕疵を残したままとなっていたケースである。リノベーション企業や設計者には、このような問題を放置しない社会的な責任もある。

写真3.15　躯体欠損・スターラップ切断

写真3.16　補修中のスターラップ
この後工程で樹脂モルタル施工

(5) 工事検査とアフターサービス保証

買取り再販の場合、販売する物件全体の品質確保が求められ、施工後の検査はリノベーション工事を実施した部分のみでなく、既存の仕様を残す部分を含めて実施することが一般的になってきている。I社の場合、検査の実施のみでなく、アフターサービス保証についても、既存部分を含めて部位別の保証内容、期間を定めている。住宅購入者に対して従来の中古購入にはなか

表3.2 部位別保証の例

保証項目	保証対象	新規施工	既存
給水・給湯・排水配管	漏水	10年	2年
床・壁・天井下地	そり、強度不足	5年	2年
換気設備	作動不良、取付不良	2年	2年

った安心を提供できる。表3.2に保証内容の一部を紹介する。

(6) リノベーション向けインフィル工法の試み

　最後にI社の工法開発の試みを紹介する。SI（スケルトン・インフィル）工法は、一般的には新築の技術として発展してきたが、I社は、中古マンションのリノベーションに適したSI工法の技術開発を進めている。スケルトンとインフィルを合わせて構想して設計・施工できる新築の場合と異なり、既存のスケルトンに合わせてインフィルを施工する必要がある。建物ごとに異なるスケルトンの状況への高い対応力が求められる。

　I社のインフィル工法では、工場生産された下地パネルを現場に搬送して施工することにより、作業の効率化が図られている。この工法では、たった1種類の下地パネルで壁・天井を施工することができ、狭い住戸内での在庫スペースを最小化することに成功している。そのほか、在来工法による大工工事との融合、エレベーターでの資材搬送を考慮した部材サイズなど、マンション・リノベーション工事特有の条件に適合した工法となっている。

　このインフィル工法では、電気の配線システムやLAN対応、給排水など、住宅のインフラシステムの開発・導入も進めている。電気のユニットケー

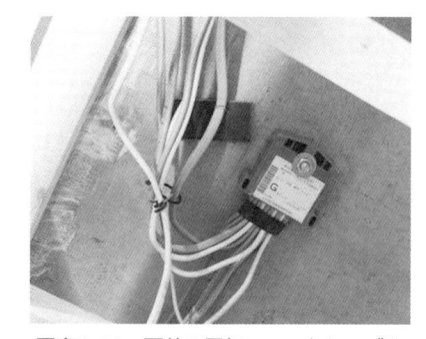

写真3.17　インフィル壁　　写真3.18　天井の電気ユニットケーブル

ルシステムは、工場生産したユニットの採用により、施工の合理化と配線履歴の明確化を実現している。

中古マンションのリノベーションへのインフィル工法の導入は、マニュアルによる施工の標準化と履歴の保存、性能・品質の安定化の面でもリノベーションの技術向上に役に立つ取組みである。また、今後の熟練工の減少への対策として必要な技術である。

今後、住宅ストック活用を推進するうえでは、新築向けのシステム開発以上に、多様なスケルトンに柔軟に対応できるリノベーション対応インフィル工法の開発、普及が求められる。

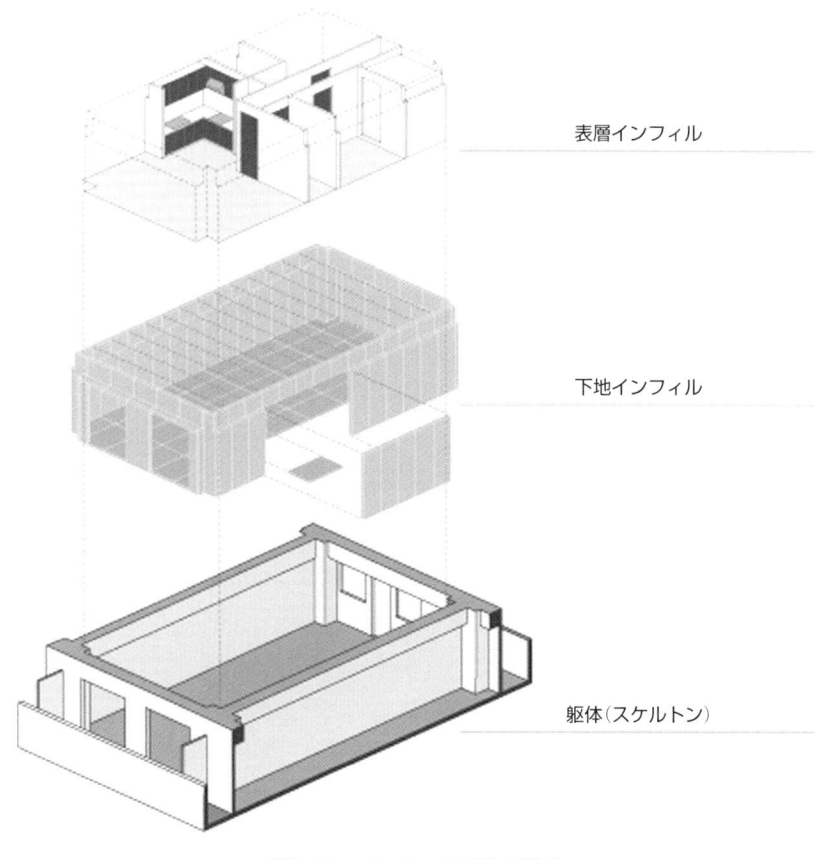

図3.23　インフィル工法の構成

4 インフィル更新の新技術

はじめに

わが国の集合住宅は、欧米諸国と比較すると、歴史が浅く、成長期からの社会変化も大きいため、依然として寿命は短く、社会的な要請と相まってスクラップアンドビルド的な構造となっていることは否めない。特に、分譲マンションについては供給量が戦後徐々に増加し、最近では15万〜20万戸程度が毎年供給され、ストックの総量としては、600万戸に達しつつある。このうち、古いものはすでに竣工から40年が経過し、この古いマンションは、最近供給されているマンションに比べて規模が小さく設備も貧弱であることが多いが、新築が供給されることがほとんどない古くからの市街地環境に立地していることも多い。経済状況も低迷する中、こうした古いマンションの性能と設備をリフォームすることには潜在的な需要もあり、今後、社会状況の変化に伴った居住ニーズの多様化や地球環境を保護するという立場からも、既存住宅のストック改修により、ユーザーのニーズや社会の要請に対応した耐用性の高い住宅に変換していくことが求められている。

4.1 「インテリアリフォーム」から「インフィル更新」へ

(1) 従来のマンションリフォームの実態

わが国のマンションの多くは鉄筋コンクリート造又は鉄骨鉄筋コンクリート造により建設されている。そのため、柱や耐震壁などの構造体を変更することは基本的に難しいが、こうした構造体はモジュラーコーディネーションに則って設計されており、インフィルは加工のしやすい木材や石こうボード、合板などを用いてつくられている。こうした特徴により、わが国のマンションは元来インフィルの変更を行いやすいともいえる。

しかし、最近までマンションにおいてインフィルの変更を含む大掛りな改修が実施されることはほとんどなかった。その理由としては次の3つが考え

られる。
① マンションの建物部分の価値は30年も経過すればほとんどなくなってしまい、所有者にとっては、新たに投資することができない。特に、30年以上前に建設されたマンションは、耐震性が現在の基準を満たさないことが多く、断熱性も劣るため、建物部分にはほとんど価値がない。こうした性能面について比較的最近まで消費者は無頓着であったが、最近の消費者は、ようやくこうした性能面が重要であることに気づき始めた。
② マンションのリノベーションを行う際に必要なノウハウや体制をもつ企業がほとんどない。これまで、長い間日本の住宅分野の企業の多くは、人的資源や技術力及び技術開発投資を新築に集中させてきた。結果としてリノベーションに取り組み、そのノウハウを獲得しているデベロッパーやビルダーは少ない。
③ 区分所有法とそれに付随する標準管理規約などは共用部分の保全に主眼が置かれ、リノベーションのような大掛りなリフォームを行うことを前提として作成されていない。そのため専用部分においても専有部分と共用部分の境界領域の改修を行うことが厳しく制限され、玄関扉や開口部、設備配管等を改修することが困難である。

したがって、これまでほとんどのマンションは住戸内の表層や設備機器の端末を取り換えるだけの単なるインテリアリフォームに制限され、老朽化したマンションストックは、次の2つの道のいずれかを辿ってきた。

1つは、立地条件が極めてよい場合で、マンションが建て替えられるが、長い間立ち続けた建築物がもつ雰囲気や良好な環境も失われることも多い。2つには、建て替えのコストをまかなうことができない場合など、現状のまま使い続けられる。入居者は我慢を強いられ、マンションのストックの老朽化が更に進み、空家化する住宅が多くなる。

もちろん、マンションにおいては長期修繕計画に基づいた最低限必要な維持管理は行われている。共用部分については、屋根防水の定期的な補修・オーバーレイ、外壁のひび割れなどの補修と再塗装、詰まったり劣化したりした共用設備配管の交換・更生などが行われてきたが、耐震性が不足する場合、

耐震補強には多額の費用が必要であることからなかなか進まない。メンテナンスへの配慮が不十分な共用配管について改善することは、住戸内部の工事を必要とすることからほとんど進んでいないなど、限界も多い。

　一方、住戸専有部分については、区分所有者の裁量に任されてきた。しかし、既存住宅の流通量が極端に少ないわが国では、住宅をその品質に応じて評価する機会がなく、区分所有者に住宅の内部を適切に改善していく動機づけが十分には働かない。このため、必要性の高い設備の枝配管の交換や、設備機器の交換は定期的に行われているが、新築で供給される水準の断熱性や室内空気環境への配慮、設備機器の省エネルギー性、住戸内段差の解消などはほとんど顧みられることはなかった。結果として、インフィルについては仕上げの変更、程度にとどまってきた。これらは、現状維持のための維持管理や居住者の状況変化に伴う表層を主とした模様替えが中心であって、現代の住宅に求められる性能を向上したり、居住者のニーズにあわせて共用部分に関係する大掛かりなインフィルの変更をすることはほとんどなかった。

　しかし、ストック型社会へと社会構造が変容するなか、ユーザーのニーズや社会の要請に対応した耐用性の高い住宅に変換していくことが求められている。特に、既存住宅をユーザーニーズのみに対応した住宅にリフォームするのではなく、設備の陳腐化や仕上材、建具などの劣化に対応し、将来にわたり長期的に使い続けることが可能となるなど、社会的に求められる性能を保有した住宅へと更新されることが求められている。元来、集合住宅は長期供用が可能なスケルトンに、供用期間が短いインフィル（内装・住戸内設備等）が混在するため、既存住宅を長期に使用していくためには、所有者のニーズや入れ替わり、賃貸化などに伴うインフィルリフォームの機会が増すことが必然となる。

(2) インフィル更新の必要

　前項で示した種々の要請に応えるためには、集合住宅においては、住戸内の表層や設備機器の端末を取り換えるだけの単なる「インテリアリフォーム」から脱却し、躯体や設備との取り合い、部品交換や維持管理のしやすさなどに配慮した設計行為が重要となり、工学的・技術的な観点と共用部分と

の関係を十分に調整した種々の配慮に基づいた総合的な「インフィル更新」へと方向転換する必要がある。

「インフィル更新」とは、新築時そして既存ストックになっても将来にわたり優良な状態を持続するために、社会的に求められる性能向上を長期にわたって更新し続けるための仕組みである。従来の多くのインフィルリフォームは住戸内の表層や設備機器の端末を取り換えるインテリアデザインであり、長期にわたった住宅の居住性能を高めることへの理解が低い。「インフィル更新」はインテリアリフォームとは異なり、躯体や設備との取り合い、部品交換や維持管理のしやすさなどに配慮した仕組みをもち、工学的・技術的な観点に基づき総合的にマネジメントしていくとともに、こうしたリフォームに伴って必要となる管理規約との関連や管理組合との調整を含めて、企画から設計、現場対応、住民対応など総合的なマネジメントを行いつつ取りまとめていく必要がある。

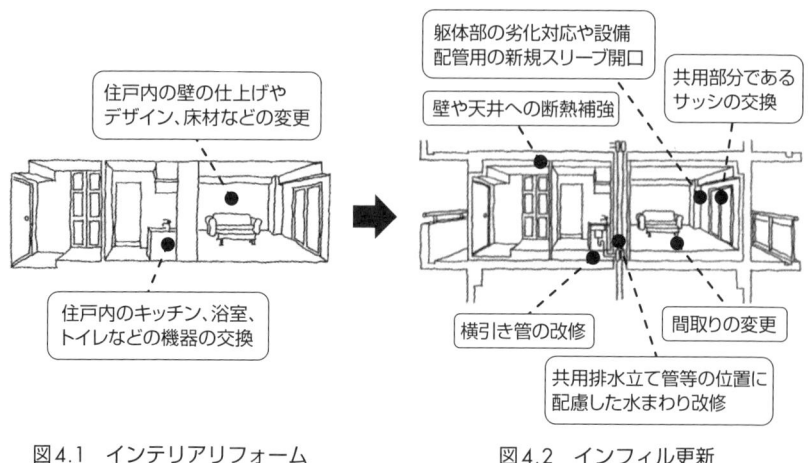

図4.1 インテリアリフォーム
●専有部分の表層のみのリフォーム
住戸内の表層や設備機器の末端を取り換えるだけの単なるインテリアデザインであり、長期にわたった住宅の居住性能を高めることへの理解が低いリフォーム手法。

図4.2 インフィル更新
●総合的なマネジメントに基づくトータルなインフィル更新
インテリアリフォームとは異なり、躯体や設備との取り合い、部品交換や維持管理のしやすさなどに配慮した工学的・技術的な観点に基づいた更新手法。

4.2 インフィル更新の展開

(1) インフィル更新における事業タイプとその特徴

近年、非常に良い立地や環境を有し、また、スタイル・基本性能を十分に有した集合住宅を、現代の住要求に応えられるように改修し、より高い性能や快適性を高めることで、新築に比べ低コストで住宅を供給あるいは取得する動きがある。これらの取組みが集合住宅を長期に使用していくための計画、技術、事業企画・事業調整等の種々の側面からのヒントと方向性を示唆している。

現在、そのような事業を展開する代表的な事業形態をあげると、表4.1に示すように大きく4つのタイプに分類することができる。共用部分の大規模修繕工事を契機として、住戸内のリフォームメニューを提示し、共用部分と専有部分の取り合いを含めた複数戸を対象とした効率的な改修工事を実施する「大規模修繕タイプ」、事業者が既存の社宅などを買い取り、1棟丸ごとで改修を行い販売する「住棟一体改修タイプ」、事業者が中古マンションの住戸を買い取り、住宅市場のニーズなどを考慮し住戸内の改修を行い販売する「住戸単位買取り再販タイプ」、中古マンションの住戸を注文主の個別の要望などに丁寧に対応し改修を行う「居住者個別対応タイプ」などの存在がみられる。

これらの取組みのうち「大規模修繕タイプ」を除く3タイプは、おのおの

表4.1　インフィル更新の手法

	大規模修繕タイプ	住棟一体改修タイプ	住戸単位買取り再販タイプ	居住者個別対応タイプ	
発注者	管理組合、個人（居住者）	事業者	事業者	個人（居住者）	
工事期間中の居住者	あり	なし	なし	あり	なし
工事範囲	スケルトン＋インフィル	スケルトン＋インフィル	インフィル	インフィル	
特徴	複数住戸リフォーム随伴型	買取再販型		部分リフォーム	フルスケルトンの状態まで解体して行うインフィル更新

の事業主体が、自らの特性にあわせて開発してきた新しいビジネスモデルであり、マンションの管理システムとは独立したインフィル更新ビジネスと位置づけられ、次の特徴が見られる。

a 住棟一体改修タイプの特徴

　社宅などの賃貸住宅の中から、耐震性等の基本性能や立地条件などの要素を基準とし、優良なものを棟単位でデベロッパーがオーナーから買い取り、改修を行って新たに区分所有型の分譲集合住宅として販売する。

　主な特徴としては、棟単位での改修となるため、専有部分のみではなく、共用部分についてのデューデリジェンスを行いつつ共用部分の必要な改修を行うことができる。耐震性や設備配管等の維持管理容易性の工夫・仕組みなどについても改善することが可能となる。住戸内改修についても大掛りな改修ができるだけでなく、多様な職種の職人を複数の住戸で並行して工事を進めることが可能となり、新築工事と同様の合理的な人員配置により効率的な工事が可能となることがあげられる。

b 住戸単位買取り再販タイプの特徴

　既存の区分所有マンションを中古市場に基づいて、住戸単位で買い取り、立地条件や市場などを勘案し、需要条件に適した住戸内の改修を行い、販売する。管理組合や管理規約との調整を行いつつ再販する仕組みである。

　主な特徴としては、住棟一体改修タイプのように共用部分の改修が行えないため、性能向上に対して限りはあるが、住戸内はデザインも洗練され、合理的に改修することが可能となる。また、一般に、個別散在需要になる個別改修工事は部材調達や職人手配などの面において非効率となり、割高な改修工事となることが多いが、限られたエリアに散在する個別の需要などを一定の標準化などによって集約し、工事を行うことで合理的なインフィル更新を実現することが可能となることがあげられる。

c 居住者個別対応タイプの特徴

　注文主が住宅を探すところからアドバイスなどを行い、インフィル更新をすることを前提に既存住宅を購入し、注文主の思い通りのインフィル更新を行う。

主な特徴としては、性能向上型のインフィル更新を顧客との対面設計や現場対応などホスピタリティの高い社内体制と客観性の高いインスペクションの実施などにより行うことが可能となることがあげられる。居住者側に立ったきめ細かなマネジメントが評価されるビジネスモデルである。

表4.2

	a. 住棟一体改修タイプ	b. 住戸単位買取り再販タイプ	c. 居住者個別対応タイプ
ビジネスモデルの特徴	一棟丸ごと改修による合理的な工種・工程の編成や専用部分と共用部分の一体的な改修の実施 第三者機関によるデューデリジェンスの実施により、事業化の判断（基本性能、劣化状況等の確認）	エリア単位で個別散在需要の集約化に基づいた商品企画 中古マンションを直接査定、買い取ることにより、リノベーション後の売却可能性を見通して中古住宅を仕入れることができる	住戸選定から引き渡しまで手厚い社内体制によるユーザー対応 ユーザーへのきめ細かい性能向上型リフォーム工事（手づくり感覚）
事業上のポイント	立地、基本構造部分の性能 耐震性が良くないと改修コストが嵩む	立地、基本構造部分の性能、短期間で施工するための内装プレハブ化 不動産仲介ネットワークを通じた住戸買取り	カスタマーサティスファクションを高めるための人員配置
共用部分の改修	断熱性、維持管理容易性等基本性能の向上のほか、快適性を高める設備等も対応	区分所有建物では、住戸単位の改修時に共用部分を改修することはほとんどできない 住戸内改修時に、構造躯体の劣化・不具合を発見した場合は、補修	
専用部分の改修	基本的に立地に応じた改修をデベロッパーが実施、メニュー方式、オーダーメード方式で取得者が意思決定する余地を残すこともある	立地による市場動向や、経験に基づく商品企画により改修を実施	リフォーム事業者が取得者の意向を元に提案、基本的にオーダーメード
施工上の特徴	複数の住戸をまとめて順番に効率よく、慣れることによってよりうまく施工する施工管理	小規模工事への対応と年間を通じたボリュームを活かした資材購入と廃材処理	一品生産のニーズへの対応、インスペクションの活用による品質管理
維持管理上の配慮事項	住宅履歴情報の整備 アフターサービス保証書発行 業界標準に基づく保証書発行	住宅履歴情報の整備 アフターサービス保証書発行 維持管理容易性への配慮 業界標準に基づく保証書発行	
普及性	ベースとなる適切な社宅等があまり多くなく、プロジェクトを大きく増やすことは困難	担い手に買取りリスクを負担する体力が必要 体力に見合ったリスク負担を前提とする必要がある	3つの中では普及性高いユーザーへの対応の手厚さにより更に普及性は高くなる

(2) インフィル更新工事の各フェーズ

インフィル更新工事は、次の4つのフェーズに分けて考えることができる。

Ⅰ「調査・診断」フェーズ、Ⅱ「企画・設計」フェーズ、Ⅲ「改修工事」フェーズ、Ⅳ「引渡・保証」フェーズである（図4.3）。

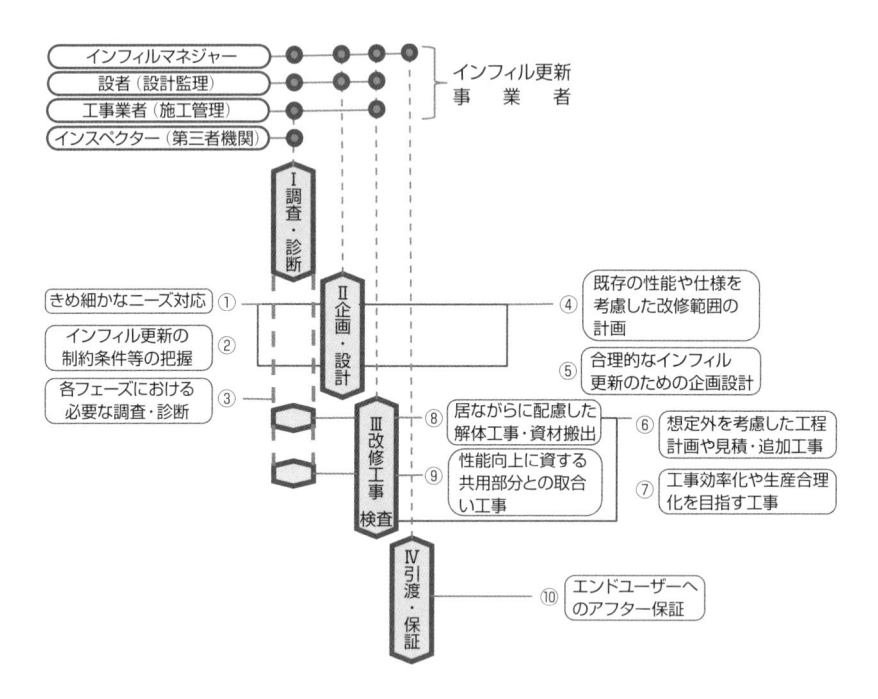

図4.3 インフィル更新工事の各フェーズ

完成したスケルトンにインフィルを設置するマンションの新築工事と既存マンションのインフィル工事とを比較してみると、Ⅰ「調査・診断」に大きな特徴がある。新築工事では、設計図書に必要な全ての条件が記載されているため、改めて調査・診断を行う事柄はない。また、一般にスケルトンはこれから設置するインフィルに適合するように調整しつつ同時に設計・施工されているので、新たにインフィルの設計変更を行わない限りスケルトンとインフィルの不整合に対して心配する必要はない。

インフィル更新工事におけるⅠ「調査・診断」は、次のⅡ「企画・設計」に対して与条件の役割を果たすものであることから、一つの条件の見落とし

も許されないほどの精密さが要求される。一方で、Ⅰ「調査・診断」フェーズでは、既存のインフィルが存在しているため、スケルトンや隠蔽された設備配管の状況などを確認できない、前居住者がまだ居住しているため調査・診断に時間を掛けることができないなどの調査上での障害があることが否めない。Ⅲ「改修工事」フェーズにおいても繰り返し調査・診断を行い、変更点があれば随時、設計・見積・工事に反映していくこととなる。また、当初から第三者機関のインスペクターに依頼して、可能な限り早期に設計条件の把握に努めることも重要となる。大工や設備業者など直接工事を担う職方に直接現場を確認してもらうことも設計・工事の手戻りを避けるうえで重要なポイントとなる。

Ⅰ〜Ⅳまでの全てのフェーズ間の情報伝達の要となる職能として、注文主の要望などを把握しながら、工程計画、各専門工事業者とのやり取り、コスト管理などを行いプロジェクト全体のマネジメントを行うインフィルマネジャーの存在が極めて重要となる。インスペクター・設計者・工事業者の相互間の情報伝達の間に立つとともに、近隣住戸・管理組合への連絡、そして注文主(居住者自身の場合や居住者への売主の場合もある)への診断・設計・見積・工事の決定事項、変更事項の承認を取り付ける重要な役割がある。

これまで、インテリアリフォームとして行われてきた工事では、工事業者が注文主に直接要求条件を聞きながら施工する場合や、設計者が入って注文主・工事業者の三者契約で施工が進む場合などが普通であったが、インフィル更新として行う工事では、インスペクター機能の導入とともに、インフィルマネジャーとして「調査・診断」から「引渡・保証」までをトータルにマネジメントする役割を中心に据えた工事遂行体制の構築が極めて重要になる。

4.3　インフィル更新における10のポイント

インフィル更新において、インフィルマネジャー（ユーザーの要望などを把握しながら、工程計画、各専門工事業者とのやりとり、コスト管理等を行いプロジェクト全体のマネジメントを行う中心的な役割を担う者）・設計者・

工事業者・インスペクターは、インフィル更新工事のフェーズごとに以下に詳述する1～10のポイントに配慮し、工事を進めていくことが重要となる。

(1) きめ細かなニーズ対応

a 市場ニーズへの対応

いったん、事業者が住戸を買って新たな居住者に再販する「住戸単位買取再販タイプ」の事業においては、新築マンション市場において高評価を得ている住戸プランニングやテイスト、設備グレードなどについて調査を行い、新築と遜色のないインフィルモデルを数タイプに絞り込み、メーカーからの大量仕入れ、ディテールの統一化などでコスト競争力のある商品開発などがポイントとなる。

b 居住者ニーズへの対応

居住者の個別の要望などに対応し改修する「居住者個別対応タイプ」の事業においては、居住者ニーズに対して徹底的に密着し、既存住戸のスケルトンの特性の検討を行い、かつ居住者から細かな居住ニーズやテイスト、設備グレードなどについて密な打合せを行うことで、世の中に二つとない、その

● 「居住者個別対応タイプ」におけるユーザーへのニーズ対応の例
初回の打合せでは、予算や要望などのヒアリングを行う。その際の体制としては、インフィルマネジャー及び初回のコンタクトから工事完了までのきめ細かなユーザー対応を行う者(以下、「顧客サービス対応」という)らにより行い、ユーザーと密にコミュニケーションを図りながら円滑に進めていくことが重要となる。
その後の打合せでは、設計者らも含め、より明確なユーザーニーズを把握しながら、インフィル更新工事後に隠蔽される箇所(給排水・電気設備等)についても建物の経年を考慮し機能・性能向上を図る姿勢が重要となる。

写真4.1
過去の事例などを提示しながら、ユーザーニーズの把握を行う。

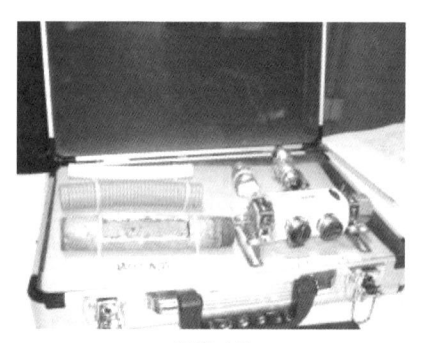

写真4.2
打合せでは、ユーザーへ経年した設備配管などを確認してもらい、劣化状況などの理解を深める。

居住者にマッチした設計案をつくり込むことができることが特徴となる。

(2) インフィル更新の制約条件などの把握

　インフィル更新に際しては、マンション特有の専有部分と共用部分の境界の考え方を理解したうえで、管理規約・使用細則などに規定されている内容を事前に確認し、インフィル更新の制約条件などを把握し進めていくことが求められる。

　専有部分と共用部分の範囲は、多くの管理規約では「専有部分は区分所有権の目的である建物の部分であり、共用部分は専有部分以外の建物の部分である。」と記載している。専有部分のインフィル更新に当たっては、共用部分との境界に接する工事も多々存在する。一般的に共用部分は、関連法規や管理規約・使用細則などによる制約があるものの、専有部分との境界については不明確な場合が多いため、詳細な調査や管理規約内容の確認など、また管理組合や管理人へのヒアリングなどを行い、事前に工事の可否・制約を確

●制約条件等の把握
　インフィル更新を行う当事者は、事前に以下の資料等を管理組合に照会し、閲覧又は借用することが求められる。
・管理規約
・専有部分の修繕に関する使用細則
・専有部分の修繕届様式
・専有部分の修繕に関する規定、基準、仕様
・竣工図、改修図
・修繕履歴情報
・長期修繕計画

認することが重要である。

(3) 各フェーズにおける必要な調査・診断

　それぞれの段階で既存建物の適正な調査・診断を行い、計画しているプランニングが実現可能であるかなど、既存建物の状況を適正に判断し、新築にはない臨機応変なマネジメントが求められる。

a 企画・設計前の概略調査

　どのようなインフィル更新を行うべきか、目的に従い、方針を決定するためには、既存建物の適正な調査診断を行うことが重要となる。企画・設計前の概略調査では、確認図書や既存住宅の図面状況などの確認や収集を行う。ただし、これらが適正に保存されている場合は少なく、そのような場合は、

●「企画・設計前の概略調査」の例

写真4.3
インフィルマネジャー及び設計者で、実測・調査作業を行う。その際、事前に準備した竣工図との相違や各部屋の状況などの確認を行い、隠蔽部の設備関係についてもできる限り把握することが望ましい。

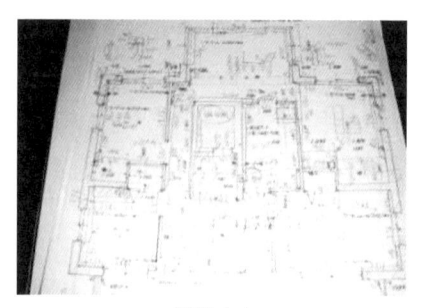

写真4.4
実測・調査終了後の既存平面図に記載された各部屋の情報。

実測をもとに既存建物の図面化を行うことが主な目的となる。また、構造、設備、下地などの状況を把握し、機能的な更新を行うことを判断するための診断と位置づけられる。

b 工事前・解体工事後の調査・診断

工事前・解体工事後の調査・診断では、既存建物の全体構造を把握し、計画しているプランニングが実現可能であるかなど、既存図面と現状との食い違い点を把握することが主な目的となる。

新規に設置予定である換気設備などのダクトやエアコンのスリーブ位置な

●「工事前・解体工事後の調査・診断」の例

写真4.5
解体工事中に既存の状況を確認し、構造躯体の劣化状況や配管経路などの不確定要素を解消する。

写真4.6
解体工事後の躯体の劣化状況などを工事業者から注文主へ状況報告を行うこともある。

どの再確認を行い、工事の実施が可能であるかの判断などを行う。また、解体工事後でないとわからない不確定な設備関連や床・壁・天井の状況を把握し、工事前の段階で不確定要素を解消することが重要である。解体工事後には構造躯体の劣化や断面欠損などの状況確認を行うことで、改修工事後に隠蔽される箇所の適切な補修なども含め、既存の躯体性能を回復するような計画とすることも重要な視点である。

c 第三者機関によるインスペクション

フルスケルトンのインフィル更新を行う際、第三者機関による躯体性能や配管などの調査・診断を行うことで、調査・診断結果に応じた機能回復を行うことが可能となる。客観的な診断結果をユーザーに開示し、目指すべき性能基準を明確にしたうえでインフィル更新を行うことは、工事業者としての姿勢を示し、工事の信頼性を高めること、また中古流通時の資産性に寄与するなど多くのメリットがある。

(4) 既存の性能や仕様を考慮した改修範囲の計画

●「第三者機関によるインスペクション」の例

写真4.7
第三者機関による既存躯体の劣化診断(既存躯体のクラック幅の計測)。

写真4.8
解体工事後に第三者機関による躯体の劣化状況などの診断結果を工事業者から注文主へ報告を行う。

改修範囲の計画に当たっては、調査・診断結果を十分に検討し、注文主の予算計画を勘案しながら計画する必要がある。既存の内装下地の軸組・ボードについては、経年による歪みや劣化が少なければ、再利用することが可能である。しかし、下地を取り払って初めて発見される躯体部分の劣化などへの対応や、省エネのための断熱措置などを行うことができなくなるマイナス

4 インフィル更新の新技術

●改修工事範囲の基準判断例

大きくは、マンションの築年後、注文主の予算、工事実施時期などを勘案し、改修工事の範囲を決めることとなる。

表4.3

	判断のポイント		改修工事内容の例
築年数	・築後の経過年数による改修工事内容	築5年程度	・クリーニング程度 ・目立った不具合がある場合は是正　など
		築10年程度	・仕上材（床・壁・天井）の更新 ・給湯器・エアコンの交換 ・床鳴りなど下地の不具合の是正 ・建具のゆがみの是正 ・配管の種類（鉄管・銅管）により配管更新　など
		築20年程度	・配管更新 ・住設機器の交換 ・電気容量の更新 ・床・天井下地の交換　など
		築30年程度	・フルスケルトンのインフィル更新 ・サッシの交換　など
予算	・注文主の予算による優先順位づけ		・注文主の実現したいニーズのみを明確にし、最優先事項として予算配分 ・工事範囲の検討 ・仕上材の質（グレード）の検討 ・導入設備機器内容の検討 ・ユーザーからの支給品やDIYの検討　など
工事実施時期	・入居前に行うべき工事と入居後でも可能な工事	入居前に行うべき工事	・インフィル工事 ・給排水・電気通信設備工事 ・断熱工事・遮音工事 ・床・壁・天井の下地工事　など
		入居後でも可能な工事	・カーテン・ブラインド工事 ・サッシ工事（サッシの交換・インナーサッシの設置） ・エアコン工事 ・造作家具 ・一部の建具工事　など

面もあるため、その得失について注文主に十分な説明が必要である。

調査・診断によって、給排水配管類の全面更新が望ましいと判断された場合には、思い切ってフルスケルトン改修を選択することが望ましい。フルスケルトン改修を契機として、根本的な部分をしっかりと改修し、表層的な部分の改修グレードを落とす、付加的な部分については次回工事に繰り越すなどの代替案についても提案し、注文主の判断を仰ぐことが重要となる。

(5) 合理的なインフィル更新のための企画・設計

フルスケルトン改修を選択できた場合でも、住戸内に手を付けることので

きない共用排水立て管が2～3本存置することになる。水まわりの配置はおおよそ、それぞれの排水管の周辺にならざるを得ない。換気のための躯体のスリーブの大きさや位置は、決まっており新たに空けることができない。また、エアコン室外機の置場は限られた位置に限定されており、室内機と結ぶ冷媒管接続経路はほぼ一様に決まってくる。設備配管やダクト径路については、既存躯体の条件を勘案した合理的な設定を行うと、バリアフリーが実現できる新たな床レベル、無理のない下がり天井高さなどの基本線が見えてくる。

住戸のプランニングは設備等のこのような合理的検討作業をベースに組み立てられるべきで、居住者ニーズはこのベースを前提とした泳ぎ代の中で受け入れることが重要となる。

●企画・設計段階

写真4.9
企画・設計段階では、注文主のイメージを広げるため、パースなどを作成する。また、パースにスケッチ等を加え、よりイメージを現実的なものとし注文主の判断を仰ぐ。

写真4.10
過去の事例などを提示しながら、サンプル材等を用い、注文主とイメージを共有する。

(6) 想定外を考慮した工程計画や見積・追加工事

インフィル更新においては、解体工事後でなければ判断することができない予期せぬことも多々存在し、改修工事の段階での設計変更を避けがたい側面がある。そのため、工程計画の計画立案が重要な位置を占めるため、注文主との契約時には、設計変更の可能性を事前に十分理解してもらう。また、工事費の想定が困難となることもあるため見積書内の予備費の確保などの配

●「注文主との工事請負契約」の例

写真4.11
契約時には、注文主に設計変更の可能性も踏まえ、見積り内容や仕様などについて説明を行う。

写真4.12
インフィル更新工事期間中の注文主の仮住まいの紹介などの配慮も重要となる。

写真4.13
注文主への担当の工事管理者を紹介する。

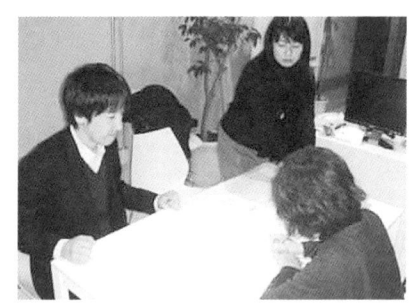

写真4.14
工事契約の取り交わしを行う。

慮も必要である。

　工期の延長は、設計変更のほか、各種資材の調達、各種専門工事会社の調達・連携調整の不良などによっても生じる。また、マンションのインフィル更新工事においては、各マンションの規定によって作業時間が限られていることも多いため、工期内に工事を終了させるような適切かつ迅速な対応を行う工程計画の策定と適正な人材の確保が重要となる。

(7) 工事効率化や生産合理化を目指す工事

　工事の効率化や生産合理化を目指した具体的な工程計画を立案し、それに基づいた各種専門工事業者や材料・機器などの選定や発注を行い、所定の工事を工程期間内に注文主との調整等を図りながら円滑に進め、コスト管理などを含めた一連のマネジメントを行うことが求められる。

マンションのインフィル更新工事は、解体・撤去作業を伴うこと、隣接した居住者がいる中での工事であるという点が新築工事と大きく異なる点である。施工方法の選定に当たっては、管理規約・使用細則等に則り、管理組合や周辺の居住者などに事前に承認を得たうえで工事を進めていかなくてはならない。また、新築工事に比べて工事規模は小さく、工事の内容、規模、施工条件などにより千差万別ではあるが、関係する職種は新築工事とほぼ変わりがない。職種が多ければ、搬入される資材や機器等も多く、搬出される廃棄物も多い。工事期間中は、異なる職種の作業者が共同で作業を行う相番作業となることも多く、職種によっては作業時間が短く、職人の出入りも激しい。そのような現状の中で、改修工事を円滑に進めていくためには、工種編成、資材の調達・支給方法、資材置場、資材の搬出入方法・納期などに留意しながら進めていくことが重要となる。

●「フレーム工法」や「パネル工法」の取組み
　近年、インフィル更新工事において、工事の質の担保を図るために、壁や天井の下地を工業化された木製パネルによって施工する工法がみられる。
　このような工法を採用することで、大工の技能に影響されずに一定の質の確保が図られ、複数戸施工するような場合においては、施工期間の短縮なども可能となる。また、マンション専有部分のインフィル更新工事を行ううえで問題となる、近隣住民への騒音や振動、ほこりや粉塵、産業廃棄物等を抑制することも可能となり、エレベーターを利用した資材搬入も容易となるなど多くのメリットもある。

写真4.15　フレーム工法の取組み
壁や天井の下地を工業化された木製フレームにより施工。

写真4.16　パネル工法の取組み
間仕切壁を狭小な階高にも対応した壁ユニットにより施工。

(8) 居ながらに配慮した解体工事
　解体工事は後続の工事に影響を与えるため、近隣住民への配慮、騒音・振動を軽減する技術的な対応、廃棄物置場等の適切な対応などのマネジメント

を行うことが求められる。

マンション専有部分の解体工事では、規模の大小にかかわらず騒音や振動の発生、粉塵の飛散、廃棄物の搬出等に伴う居住者への通行阻害などが生じる。そのため、工事着手前にマンション居住者に配慮した施工計画を行い、管理組合への事前対応や周辺の居住者へ理解を得たうえで実施することが重

● 「近隣住民へ配慮した解体工事の実施」の例
　解体工事の際は、騒音や振動等に特に配慮し、近隣住民の苦情により工事の中断が起きないよう作業員を増員させるなどして、短期間に終了させるよう配慮も必要である。また、各マンションによる作業時間の規約を厳守し、余裕をもった作業工程を組むことが重要である。円滑な解体工事をするためポイントは以下である。
・近隣住民への配慮から、騒音・振動が発生する日時等を周知
・共用部分への適正な養生を実施
・窓、玄関を閉め切り、手動の工具を使用することで、騒音を軽減
・ブレーカーなど使用の際は、近隣へ作業時間を周知するなどの配慮と、工事管理者らが近隣へのクレーム対策等を実施

写真4.17
インフィル更新の工事期間中は、エントランス、共同廊下、エレベーター内などへ適正な養生を実施する。

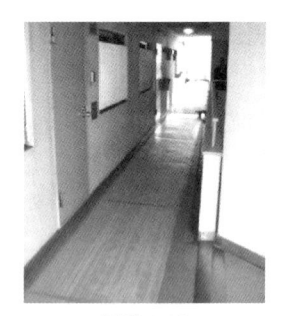

写真4.18
共同廊下への養生。

写真4.19
手動の工具によりGLボンドの撤去を行う。

写真4.20
ブレーカーを用い、軽量コンクリートの撤去を行う。

写真4.21
現場内で整理された廃棄物がある程度の量になると、マンション居住者へ配慮し、エレベーターを利用し、台車などで搬出を行う。

写真4.22
管理組合などから事前に承認を得られた場所を廃棄物の仮保管場所とし、トラックへ積み込む。

要である。解体工事期間中は、騒音や振動等による近隣住民からのクレームなどにより解体工事が中断してしまうことも考えられるため、近隣対策や想定外工事等の発生に伴う工程計画の変更などについて迅速かつ適切な対応が重要となる。

(9) 性能向上に資する共用部分との取り合い工事

フルスケルトンのインフィル更新では、解体工事後に既存躯体の状況が確認できるため、劣化状況等の確認をしたうえで補修などの必要性を判断した際には適切な処理を行うことが求められる。また、住宅の性能向上を図るうえで重要となるサッシの交換や新規のエアコン設置などに伴う設備用の新規スリーブ開口などの共用部分扱いとなる工事の実施に対しても検討する姿勢が望まれる。部分的なインフィル更新においても、フルスケルトンのインフィル更新と同様に共用部分との取り合いが生じることも多く、同様の留意事項があげられる。

a 躯体の劣化や断面欠損等への対応

企画・設計前に行うべき現場調査・診断をある程度詳細に行ったとしても、隠蔽部分の完全な把握は解体後となり、内装等を全て解体するまでは不明確さが残り、躯体の劣化や元施工時の瑕疵等である断面欠損などの発生が問題となるケースもある。

住宅を長期にわたり維持していくうえでは、躯体の劣化補修や断面欠損などに対して補修工事が必要と判断される状況であれば、インフィル更新を契

4 インフィル更新の新技術 | 101

●「躯体の劣化や断面欠損等への対応」の例

写真4.23
躯体の劣化に対して、左官工によるスラブ補修を実施。

写真4.24
躯体の劣化に対して、防水・補修工による天井補修を実施。

機に補修等を行うことが望ましい。ただし、構造躯体は共用部分であることから、管理組合などへ現状の報告・確認等を行った後、承認を得て補修工事が可能となる。また、躯体の劣化や断面欠損などの補修工事を行うに当たっては、区分所有者又は管理組合のどちらが補修費用の負担をするかなどを事前に打合せするなどして明確にしておく必要がある。

b 構造躯体やクラディング等の共用部分との取り合い工事

フルスケルトンのインフィル更新を行う際は、全面的な環境改善が可能となる。そのため共用部分扱いである、例えば、サッシの交換を実施し、建物

●「構造躯体やクラディング等の共同部分との取り合い工事への対応」の例

写真4.25
カバー工法によりサッシの交換を実施。

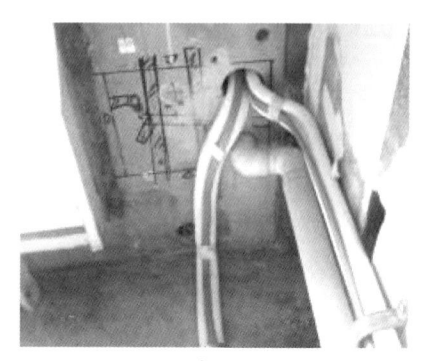

写真4.26
新規エアコン設置に伴う冷媒管等の配管ルート確保のための設備用スリーブ開口の実施（管理組合へ承認を得たうえで、構造的には影響のない雑壁への穿孔）。

4 インフィル更新の新技術

● 履歴情報
　設計図書、工事写真、検査記録、保証書などがストックされていることが望ましい。設計書図書は、改修工事の段階での設計変更なども含め変更箇所を図面に反映させ、かつ、隠蔽される躯体の劣化補修箇所や断熱材の範囲なども含めた履歴情報とすることが望ましい。

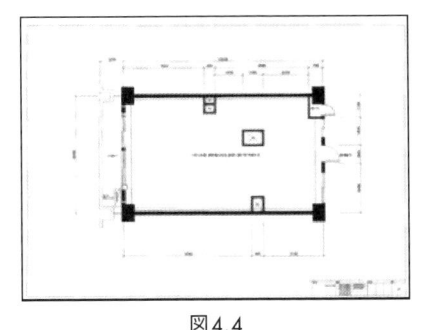

図4.4
設計図書内の「既存躯体の劣化補修箇所図」

図4.5
設計図書内の「断熱材施工範囲図」

の気密性、遮音性、断熱性等の向上を図るという視点も重要となる。良好な生活居住を継続していくためには、専有部分の工事と協調した共用部分の改善・改変が重要な視点であり、今後、共用部分の機能・性能向上を目指した改修等が必要となっていくであろうことを強調したい。ただし、サッシの交換などの共用部分扱いとなる工事については、事前に管理組合などとの調整及び承認が必要となる。

(10) エンドユーザーへのアフター保証

　アフター点検などの際は、専有部分だけの点検等ではなく、共用部分との取り合いなどについても併せて点検等を行い、必要に応じて管理組合などに劣化状況や不具合等について報告するような姿勢が求められる。

a ユーザーへの履歴情報の譲渡

　インフィル更新工事の完了後は、建物の維持管理、日常の手入れなどアフターケアを行うことが、住宅を長期にわたり維持していくうえで重要となる。住宅の履歴情報としては、設計図書、工事写真、検査記録、保証書などがストックされていることが望ましく、これらをもとに今後の住宅の維持管理をしていくこととなる。また、履歴情報を残すことは、住宅を売却、賃貸する際にどのような物件であるのかを客観的に判断する資料として役立つだけでなく、建物の資産価値の管理という観点からも極めて重要な資料となり得る。

b 工事後の検査とユーザーへのアフターサービス・保証体制

　インフィル更新工事の完了後は、竣工検査を行い、必要に応じた手直し工事を行った後、引渡しとなる。工事内容が本意でなかったなどのトラブルの発生もあることから、改修工事中の各段階での決定事項や問題点、それらの対処方法等については、注文主と密なやりとりを行って、お互いに合意し、了解して工事を進めていくことが重要である。

まとめ

　既存住宅においては、今後、長期的な活用を目指して、インフィルの更新を実施することが求められるが、既存住宅の多くは仕上材や建具等が物理的に老朽化するだけでなく、新たな制度・基準の制定や技術的革新により、保有性能が相対的に陳腐化している。既存住宅の劣化や陳腐化に対しては、現時点で保有している性能を把握したうえでインフィル更新を実施することで、保有性能を回復・向上させることが可能となる。また、共用排水立て管のメンテナンスの容易性等、将来的なインフィル更新を視野に入れた対策が現インフィル更新時点で講じられていることも重要となる。このように、既存住宅をユーザーニーズ及び社会ニーズに対応した住宅への更新とともに、社会的に求められ、将来にわたり長期的に使い続けることが可能となる性能を保有した住宅へと更新されることが求められている。

　こうした「インフィル更新」を着実に今後のストック型社会の主要な建築行為として定着させていくことが重要で、そのための環境条件の整備も重要となる。

(1)「インフィル更新」工事の担い手と技術開発

　「インフィル更新」工事の担い手の現状はさまざま多様であるが、工学的・技術的な観点に基づき総合的に技術のマネジメントを行う必要があるとすれば、建築技術に秀でたゼネコンや電気機器メーカーなど、多様な主体が参加することにより従来の技術ノウハウを生かした技術開発が行われていくことが必要であろう。とりわけ、ゼネコンはこれまでも日本の建設技術開発の主流となってきたこともあり、ゼネコンが既存住宅を対象として技術開発が進

むことを期待したい。

具体的にリノベーションに関して開発が望まれる技術として、次のようなものがある。

インスペクション

住宅の性能を正確に把握するインスペクションは技術的に困難を伴う。外壁内部の状況は死活的に重要であるが、破壊検査を行わないと正確には把握することができない。非破壊でコンクリート強度やコンクリート表面近くの鉄筋の配置を調査する技術については一定の技術が蓄積されているが、深い位置にある鉄筋の配置や、コンクリートの中性化深さ、断熱性については現段階では測定できない。非破壊・微破壊の測定技術こそが求められている重要技術の一つである。

コンクリート躯体の耐久性向上

鉄筋コンクリート造建築物ではコンクリートの中性化を抑制することが耐久性を向上させるうえで重要である。既存建築物では、外壁の保護層により中性化を抑制する必要がある。現在用いられている塗膜は一定の効果はあることが確認されているが、その効果の持続性の向上、定量化が必要である。

躯体の切除工事の低騒音・低振動化

大掛りなリノベーションを行う際には、構造躯体の切除工事を伴うことが多いが、この際に生じる騒音・振動は、マンションにおける工事を行ううえで最も厄介な障害の一つである。コンクリートをはつる際に生じる騒音・振動をなるべく小さくするためのコンクリートカッター、ドリル等開発されているが、更に開発を進める必要性が高い技術である。

インフィル工事の合理化

既存建築物の多くで躯体の寸法はモジュラーコーディネーションされているものの、その精度が十分ではないことが多く、完全なインフィル工事のプレハブ化は困難であるが、比較的小さなピースの壁や天井の下地フレームをプレハブ化することにより、現場作業の最小化を図ることは、騒音や、ほこり以外にも、工事のスピードアップ、熟練した職人の減少への対応という観点からも有効と考える。より一層の効率化への対応が求められる。

(2)「インフィル更新」のトータルマネジメントができる担い手の育成

ストック型社会においては、新築のみではなくインフィル更新を行うことのできる担い手の育成を促進することが求められる。その際には、企画・設計から工事の品質確保、マネジメント、引渡し後の保証・アフターサービスに至る総合的なマネジメント能力を持ち合わせていることが求められる。

特に、インフィル更新では新築とは異なる特有のマネジメント能力（例えば、個別ユーザーとの対話能力、居ながら工事のクレーム対応等）が重要であり、それらをトータルにマネジメントできる担い手が必要である。また、建築のみの職能に留まらず、不動産仲介やファイナンシャルプランナー等、住宅の取得段階やその資金繰り等を含めた職能を併せ持っていることが望ましい。

(3) 共用部分との取り合いを含めた施工段階での改修設計の必要性とその認知

既存の状態のままでは、住戸全体の劣化状況等を把握することが難しく、既存部材等を撤去する段階で初めて状況が明らかとなる場合が多い。このため、当初のユーザーとの打合せをもとにした設計通りに工事を進めることは難しく、工期の遅延等も考えられる。このような不確定要素を考慮して、ユーザーとの対応、工程の調整や現場での対応が求められる。したがって、工期や予算に余裕等の一定の配慮をあらかじめ見込んでおくシステムの認知も必要である。

インフィル更新に当たっては、これまでの住戸内の表層のみのリフォームではなく、居住空間性能を高めるために劣化したサッシの交換や、空調機等の設置のためのスリーブ開口、クラディングを含めた更新など、区分所有上の共用部分に当たる部位に手を加え、性能向上を図ることも必要である。

(4) インフィル更新に関する合意形成プロセスの周知

インフィル更新に当たっては、住宅の性能向上を高めるために劣化したサッシの交換、空調機等設置のためのスリーブ開口、既存躯体の劣化対応など、区分所有法上の共用部分に当たる部位の改変が求められる。このような共用部分との取り合いが発生する場合においては、管理組合等との調整が必要と

なるが、どのような手続きを経て、技術的に可能であるのかなどの判断が求められる。インフィル更新に伴う共用部分の改変等、管理組合等との合意形成や管理規約によるインフィル更新の制約等を把握したうえで工事を実施することが必要である。このような共用部分との取り合い工事が発生する場合においては、その前提条件として、躯体のどの位置であればスリーブ開口を設けることが可能であるかといった技術的な整理が求められる。

(5) 長期にわたる良好な状態の維持に向けた仕組みづくりの必要性

住宅を長期にわたり使い続けるに当たっては、将来的に大々的な改修や修繕を行うことが想定される。改修に当たっては、当該住宅がどのような改修を実施してきているか、また、過去にどのような劣化や不具合が生じていたかといった履歴情報が手掛かりとなる。それらの履歴情報を蓄積していくことで、躯体状況の確認などが容易となり、効率的なインフィル更新につなげていくことも可能となる。このように、履歴情報を伝達する仕組みを整備することで、建築業界全体の活性化にもつながることが考えられる。

また、住棟全体の資産形成につながる専有部分の更新履歴等の蓄積とインフィル更新を柔軟に受け入れる仕組み（管理規約の柔軟性）が必要である。物件の引渡し後においては、ユーザーに求められるアフターサービスや保証体制を確立しておくことが有効となる。また、将来的な改修や中古流通時を勘案して、居住者個人が実施したインフィル更新内容を管理組合が住棟全体での住宅履歴情報として蓄積・活用していくことが重要であり、しいては住棟全体の資産価値向上につながる。

(6) 業界団体への提言

これからのストック社会においては、地球環境保全等の観点から社会的に優良なストックを確保することが必要となる。インフィル更新工事は、クロスの張替え程度の単純なものから、キッチン・洗面台の取替え、間仕切の変更、躯体だけを残しフルスケルトンのインフィル更新を行うなど工事の内容は、新築工事に比べて多種多様であり、それぞれの役割も異なる。長期にわたり優良な状態を維持していくためのインフィル更新工事では、インフィル更新工事の専門的な技術者としての役割はもちろんのこと、管理組合・管理

会社や近隣住民などとの調整や指導、助言等のマネジメントを行う役割が必要となる。

　具体的には、管理規約等のルールに則り、ユーザーニーズを汲み取った企画・提案を行い、その実現に向けて各種作業を組み立て、同時に近隣住民への対応や管理組合との調整を行うこととなる。このようにインフィル更新工事を円滑に行っていくうえでは、新築とは異なる多面的な役割が期待されるため、そのような担い手の拡大・育成に向けた教育訓練・資格制度づくりなどの仕組みづくりが重要である。また、業界団体それぞれの意思統一なども重要であろう。

5　インフィル改修を大工が担う

　集合住宅の内装工事から大工の仕事がどんどん減ってきているという歴史を踏まえると、今「インフィル改修を大工が担う」という条件を立てて、新たなインフィル開発を行おうという戦略は、強引な試みと受け取られるかもしれない。

　日本の集合住宅の黎明期には、内装のほとんどを大工がつくっていた。事実、すばらしい住宅が数多く生まれた。しかしそのことを評価せず、大工が集合住宅の内装に深く関与することは良くないとする集合住宅独特の世界があった。当時は質の高い住宅をつくるよりも、安価に大量に住宅を供給することが集合住宅の本筋であって、構法を合理的に変革し、生産性を高めるために工業化手法を活用するという筋だけが正しいとされていた。集合住宅の建設は工業化に向かうのが当たり前で、現場仕事をどんどん工場へ移すことが正しい道であるとだれもが信じて疑わなかった。

　70年代の半ば時点で、これからは量よりも質だ、と豊かな時代の幕開けが宣言され始めたころにも、大工を活用して質の高い住まいを、という掛け声はなかったし、バブルの時期にも大工に期待する声は上がらなかった。

　大工仕事は高級で質が高いというイメージよりも、古臭く時代遅れ、というように受け止められがちで、大工のかつての良い仕事を記憶にとどめている人々が少なくなっているように思われる。

　この章では、集合住宅の内装構法の歴史を振り返り、大工の良い手仕事がどのようにしてわれわれの前から消えて行ったかを見てみることから始めたい。

5.1　同潤会アパートメント時代のインフィル

　同潤会アパートメントは日本で最も古い時代のRC造の集合住宅である。八王子の都市住宅技術研究所の中に集合住宅歴史館という建物があり、そこ

に、同潤会アパートメントのインフィルが再現してある。

　大正末年から昭和初期にかけて、取り組まれたこの時代のインフィルは、明治時代の煉瓦造における西洋館風内装とはいささか趣が異なっていて、当時の日本人の和式の生活スタイルを色濃く反映させたものである。

　畳敷きに肘掛窓、ガラス格子戸、茶色に塗られ付鴨居という取り合わせは、今の若者達が好むレトロな雰囲気そのものである。

　著者自身が携わった求道学舎リノベーションという仕事は、同潤会アパートメントにわずかに先行する大正15（1926）年竣工の武田五一設計の学生寮の改修であったが、そのインフィルの雰囲気や構法は同潤会と瓜二つであった。

　求道学舎の寮室（写真5.2）の床は畳敷きのように見えるが、実はコルクの厚板の上に畳の薄縁が敷いてある。床と壁の取り合いを見ると、畳寄せではなく幅木が周っている。同潤会の納まり・構法と同一である。

　入口わきには900角の押入れがあるが、片面は洋風のつくりで片開き扉が縦に2枚並んでいて、その上の最上段は空いている。ここの扉を付けると開いたときに梁にぶつかるのでやめたという雰囲気である。物入れのもう一方の面は木造真壁風の納まりで、木造の柱型が見える（写真5.2）。

　写真5.3は、6畳一間の部屋の窓側方向を見たところで、内装を全て取っ払ってRC躯体が全て露出したスケルトン状態のものである。

　当時のコンクリートの打設状況は大変粗雑であり、特に床の不陸は大変激しい。もっともここは後で木床を貼るので、あまり神経を使わな

写真5.1（UR都市機構技術研究所　集合住宅歴史館ホームページより）

写真5.2

110　　5　インフィル改修を大工が担う

かったのかもしれない。

　壁や天井は15mmほどの厚さの漆喰で塗り固めてあり、その塗厚で仕上げはほぼ平滑になっていた。付鴨居（あるいは長押）や幅木などの木造作を固定するために木煉瓦（ヒノキ製のブロック）をあらかじめコンクリート躯体に埋め込んでおくというのが、この時代の流儀である。ドア枠の止めつけも同様である。窓枠には額縁を付けずに漆喰を塗りまわして納めている。

写真5.3

5.2　同潤会時代のインフィルモデル

　以下の図5.1はコンピュータグラフィックスで、同潤会時代のインフィルの構法をモデル的に説明するためにつくったものである。
① コンクリートが打ち上がった状態である。壁面に木煉瓦が打ち込まれている状態を示している。
② サッシが取り付けられた状態である。求道学舎は鋼製サッシ、同潤会は木製サッシであった。外壁側からはモルタルが塗られ、サッシに直接突きつけられる。まだシールという考え方はない。
③ 床の木工事の準備として、900ピッチ内外タテヨコにモルタルの団子が置かれ、束石代わりとされる。
④ 大引きが据えられる。
　　床下に15cm程度の懐を設けて、床仕上げをするというのが、一般的な構法であった。求道学舎では、廊下の床はコンクリートの上にモルタル、さらにリノリウムが敷かれていた。廊下の床が下がっている勘定になり、廊下側に寮室の床下換気口がついていた。
⑤ 根太が据えられる。二重床の懐があまり大きく確保できない場合は、大引きが省略され、根太が、コンクリート床に直接固定される。根太の下部に木製のクサビをかませて、高さ方向の調整を行い、脳天から釘で打

①躯体完成時　　　　　　　　　　②サッシ取付け時

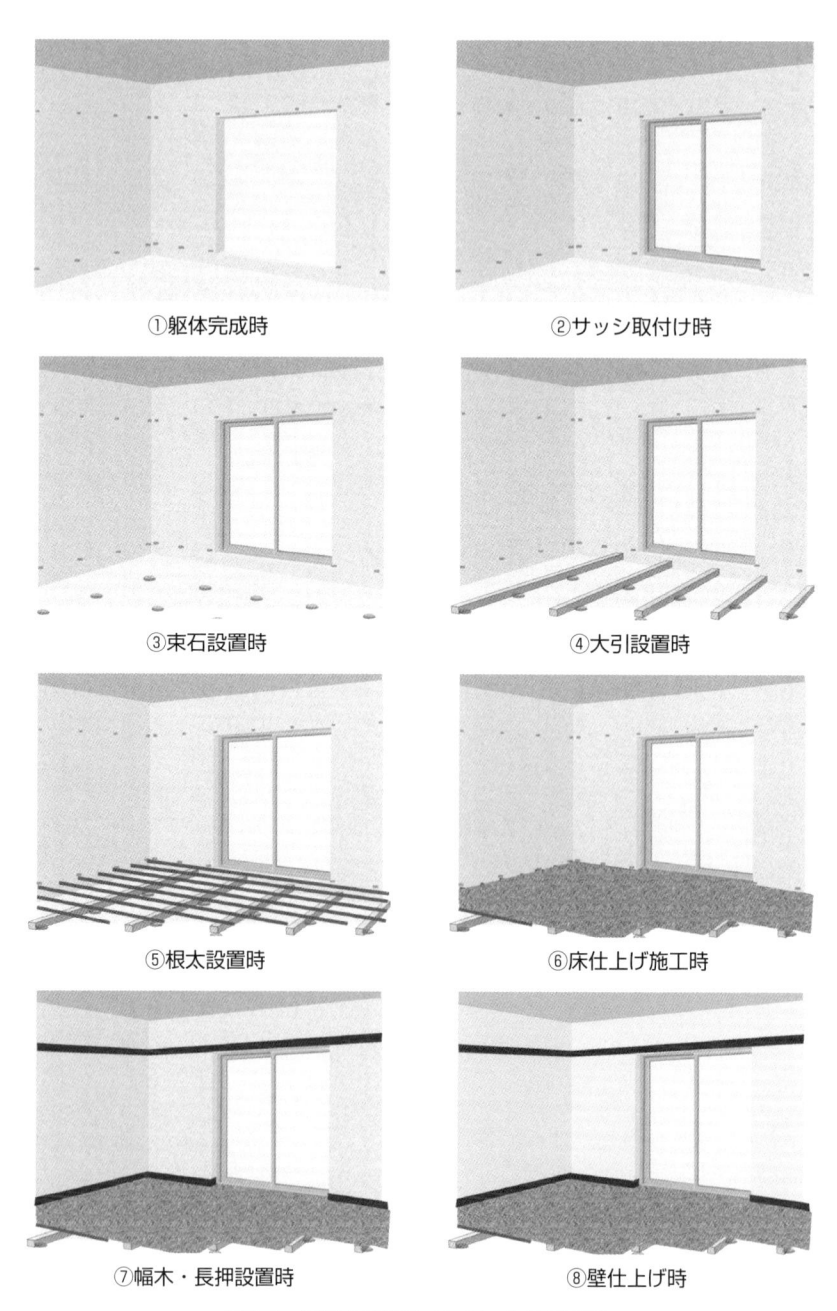

③束石設置時　　　　　　　　　　④大引設置時

⑤根太設置時　　　　　　　　　　⑥床仕上げ施工時

⑦幅木・長押設置時　　　　　　　⑧壁仕上げ時

図5.1　同潤会時代のインフィルの構成図

ち付けられる転ばし根太という工法である。
⑥ 荒床材が打ち付けられた上にコルクの厚板が貼られる。
⑦ 長押(なげし)、幅木が取り付けられる。
⑧ 壁、天井に漆喰が塗られ完成する。このあと畳の薄縁(うすべり)が貼られた。

5.3　日本住宅公団の黎明期

　関東大震災の義援金を元に取り組まれてきた同潤会アパートメントの建設は継続的な制度には発展せずに途絶えることとなった。折から戦時体制へと傾斜していく社会環境の中で、RC造で集合住宅を建設することそのものが難しくなったのである。

　終戦後10年経ってから日本住宅公団が生まれ、RC造で公的住宅を作る状況が再び巡ってきた。住宅公団発足後3年目にして、日本の集合住宅史上、二つとない大傑作である晴海高層アパート（前川國男設計）が生まれた。

写真5.4

わが国初期の高層賃貸集合住宅である。この建物では、それまでのRC造の集合住宅に多かった壁式構造ではなくラーメン構造（柱梁構造）を採用して、内部を自由に設計できる空間としている。
住戸へのアクセスは3、6、9階にエレベーターが停止し、ここを廊下階として他の階へは階段を一層分上がるか下がるスキップ形式である。
構造を支えるメジャーストラクチャー（柱梁）の間に廊下階を中心にその上下階の3層と階段に挟まれた隣接する2住戸の3層6住戸を一組とした構造的に分節されたマイナーストラクチャーが挿入されている。「変わらないもの」としての建物の骨格に「変わり得るもの」である住戸部分を取り付けるという発想で計画されており、この部分の間仕切壁や床は壊しても構造上問題がないように設計されている。この思想は後の芦屋浜高層住宅にも影響を与えている。

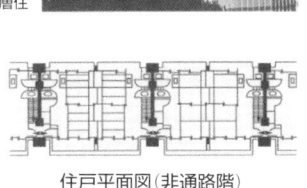

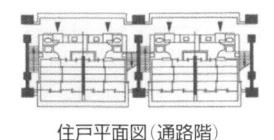

住戸平面図（通路階）　　住戸平面図（非通路階）　　断面図

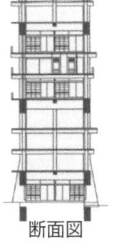

図5.2　晴海高層アパート(1958年)(建設省パンフレット「スケルトン住宅って何?」1999年より)

5　インフィル改修を大工が担う　113

これは、わが国最初の高層賃貸住宅で、地下鉄勝どき駅付近の現トリトンスクエアの敷地に建っていたものだが、再開発で跡形もなくなってしまったのは大変惜しまれる。

　住宅三層分が収まる巨大なメガストラクチュアの中間に2枚のスラブが挿入されているがその梁成(せい)はきわめて小さい。その2枚スラブの間がエレベーターのアクセスする廊下階になっていて、上下階の住宅へは1階分、階段を上り下りしてアプローチする構成となっている。柱・梁・スラブ・階段、戸境壁の鉄筋コンクリート(一部はコンクリートブロック)以外は全て在来木造でできている。

　和室が二間の続き間になっていて、それぞれに床の間と押入れがついている。欄間部分は開放的に設えてあって、コンクリートの梁の側面が立ち下がってくるというような部分はない。全てが純粋な在来木造の構法でつくられていて、大工が存分に腕を振るった造りになっている。

　和室の隣の廊下とダイニングキッチンのスペースは木造部分とコンクリート躯体に挟まれた余白の部分になっていて、木造の周辺スペースという雰囲気である(写真5.5)。

写真5.5(UR都市機構技術研究所 集合住宅歴史館ホームページより)

　隣り合った2住戸は押入れの部分が戸境になっていて、将来この部分を改造すれば、2戸を合わせて大きな1戸に拡大することができる。つまり在来木造の可変性を織り込んだスケルトン・インフィルを考えたものと読むことができる。

　在来木造の自在さは、木製のサッシにも十分に表現されている。南側に面した3段の段窓があるが、上下はガラス窓で、中段は明かり障子とガラス窓

の2重サッシになっている。肘掛の高さにくる中段と下段の間の無目部分が幅広の棚板になっていて、和室らしい畳座の生活の中でうまく活用できそうな造りとなっている。下段のガラス戸のみを開けて通風を取ることができる。

　住宅公団の初期のRC中層壁式の平面プランを思い起こすと、DKや水まわりの洋風化については、目を見張るものがあったように思うが、和室の部分はどこも小さく、和室の良さが感じられるものではない。RC中層壁式はつぎつぎに建てられていったが、晴海方式の高層住宅はこれ一作で終わってしまった。

5.4　内箱の思想から省力化へ向かう時代

　晴海の高層住宅で示された内装の考え方は、現在のスケルトン・インフィルの考え方に非常に近いものであった。内箱の思想といってもよいだろう。しかし、その後の住宅公団の内装の考え方はこの方向には進まずに、インフィルの担い手である大工の仕事をどんどん減らす方向に進化していった。つまり、大工は技能の高い熟練工であり日当も高い。その大工に頼らなければ住宅ができないというのでは困るという方向にベクトルが働いてしまったのである。簡単にいえば、大工の仕事を減らしてコストダウンを図ろうということである。

　スケルトン・インフィルの考えに忠実にいけば、スケルトンをつくる段階とインフィルをつくる段階とで職種構成がガラッと変わるのは2軒分の家をつくっているようなもので、その分費用が増大する。ともかく量を沢山こなさなければいけない時代にあっては、鉄筋コンクリート造と木造とが必ず組み合わさっているのは困るので、可能な限り鉄筋コンクリート造だけで仕事が完結する、つまり木造をできる限り圧迫して家をつくる方向へと進んで行った。

　しかし、完全に大工を排除するわけにはいかず、大工に頼らなければならない部分は数多く残っていたので、折衷的な解決策が取られた。完全な木造軸組は高くつくので、柱を半割にして半柱をコンクリートの表面に張り付けて、軸組のように見せるという方向へ向かった。つまりこの時代は大工にあ

まり頼りたくないが和室はつくらねばならぬ、和室がなければ借り手が居ない時代だった。コンクリートの技術もまだ打ち放し仕上げまでは到達していなくて、内外とも何らかの塗り物をしなければ見られない状態であった。コンクリートの状態は同潤会の水準とはあまり変わらなかったのである。

5.5 公団初期のインフィルモデル

① コンクリートが打ち上がった状態は同潤会と変わらない。木煉瓦(れんが)が木製

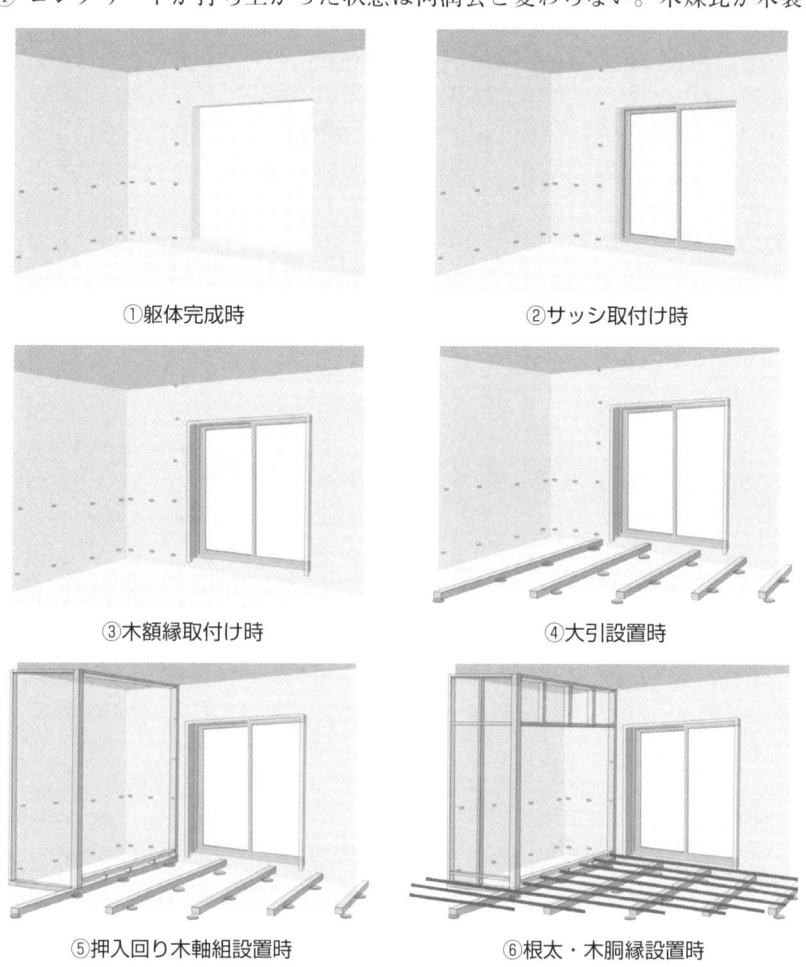

①躯体完成時　　　　　　　　②サッシ取付け時

③木額縁取付け時　　　　　　④大引設置時

⑤押入回り木軸組設置時　　　⑥根太・木胴縁設置時

図5.3　公団初期のインフィルの構成図

造作の留める位置を示している。
② サッシが取り付いたところ。この段階まで、同潤会と同じ。外壁にはモルタルが塗られる。アルミサッシとモルタルの間には油性コーキングが打設された。
③ サッシの部屋内側には木製額縁が取り付けられる。在来木造和室建具枠の大壁納まりの意匠が流用される。
④ 床組のモルタル団子と大引組は同潤会と同様。
⑤ 押入れや間仕切壁は木造真壁の納まりが用いられる。コンクリート躯体との取り合いは半柱、真壁のコーナー部には全角柱が用いられた。
⑥ 押入れは中段、床組等、在来木造の意匠がそのまま用いられた。天袋はつくらず、下がり壁とし、内部上方に棚を吊った。鴨居はサッシ額縁の高さに揃えるなど押入れは和室らしさを演出する道具でもあった。最後に根太を敷いて、荒床を貼り、畳を敷いてでき上がりとなる。

5.6　その後内装工事の世界で起きた大きな変化

以上述べてきた内装工事の省力化工法はいわゆる公団仕様として、他の公的住宅や民間マンションに大きな影響を与えた。70年代の集合住宅急増時代の典型的な内装構法であった。

在来木造の良さが生かされているわけでもなく、大工の腕の見せ所があるわけでもなく、コンクリートの柱や梁を避けて和室をつくらなければならないという時代的要請に応えるためには、労務コストの高い大工の手を借りざるを得ない。ただしその範囲は最小限にしたいという妥協の解決策だった。

しかし、大工の手を借りなくてもすませるための新たな構法の開発がつぎつぎと起き、内装工法は80年代、90年代にかけて目まぐるしく変化していくことになる。

(1) 乾式二重床

最も大きな変化は二重床組の開発であろう。ゴムの足が付いたスチール脚がパーティクルボードを自在な高さで支え、床仕上げの材質や厚さの変化に柔軟に対応しフルフラットな床面をつくり出すシステムが誕生したのであ

る。大工がつくる在来の大引根太組と比較すると、施工性、設備配管の収容力、床鳴り防止、遮音性など、どの指標をとっても優位性は明らかであった。

(2) 直床構法

　コンクリートの打設技術が向上したことで、二重床を貼らなくてもコンクリート直に床仕上げが貼れるようになった。この技術によって一般居室は二重床を止め、水まわりの所だけ二重床を貼るという工法に人気が出たが、結果として、水まわりと一般居室との間に段差が生じる住宅が増え、バリアフリーの観点から問題視された。バリアフリーは守るべきとの趨勢から、オール二重床派と部分二重床派（水まわりのみスラブ下げ）の2つの手法が共存して現在に至っている。

(3) 真壁から大壁へ

　半柱や全角の柱を建て、敷居鴨居を渡す真壁構法は大工でなければ施工できない。大工抜きで柱を立てずに木枠だけですませるやり方として大壁構法が主流になっていった。次に大壁の厚さが合理化の対象となり、どこまで薄くできるかの競争の結果、壁厚さは50〜60mmまで小さくなった。行きついてみればこれはパネルではないかということになり、工場でパネルをつくる方向に進んでいった。パネルをコの字に組みたてて開口部をつくり、その内側に枠付きの扉を取り付ければ、個室が完成する。パネル屋と建具屋がいれば大工はいらないという結果となった。

(4) 塗壁からボード壁へ

　漆喰塗、モルタル塗などの左官工事は、コンクリートが綺麗に打てない同潤会や初期の公団の時期には必須の業種であった。70年代の中頃に内外とも打放しで精度よくコンクリートが打設できる技術が確立してからは、左官工事を現場から追い出そうという動きが巻き起こる。

　ちょうどその頃、コンクリート部屋内面の結露が社会問題化し、住棟の北面や妻面は断熱しなければならないという方向に向かい、室内のコンクリート打放しは問題があるという認識が広まった。

　当初は、当該面だけを断熱すればよいという方向でやっていたが、ヒートブリッジによる回り込み現象があるということがわかって、直交面も一定範

囲は断熱補強をやらなければいけなくなり、打放し仕上げだけですませる面が減ってきた。

　公団ではFP板（フォームポリスチレン）などの断熱材を合板などのボードに裏打ちしたものを型枠としてコンクリート打設時に打ち込む工法が多用され、民間ではウレタン吹付けの上にGLボンドでプラスターボードを団子張りする構法が主流となった。

　プラスターボードは継目をテープ張りしてパテでしごいて平滑にすれば、見掛け上壁面が一体化し、その上にビニルクロスを貼ればほとんどボードであることがわからないため、この工法がマンションの標準構法として一世を風靡するようになる。

(5) 六面張り構法の出現

　GL工法に遮音上大きな欠陥があることが判明したのは、この工法が隈なくマンション業界に行きわたった後だった。新築の世界ではプラスターボードGL構法はまたたくまに姿を消し、そのかわり昔からの木下地工法が復権したのである。折から断熱性能への関心が強まっていたので、ヒートブリッジの点でLGS工法よりも優位に立てたことも追い風になった。

　木下地というと木煉瓦（れんが）が必要で、それはスケルトンにとって良くないという考え方はもはや過去のもので、接着剤の発達によってプラレンガ接着工法が主流になっている。

　以上のような背景があって、木下地組を使った六面断熱構法が出現した。従来は、上下方向、左右方向の隣家との間は熱の逃げがないものとして断熱計算することは公認ルールであった。しかし各家、各人のライフスタイルが多様化し、隣家・隣人と生活時間帯が重なることのほうがめずらしくなっているし、長期不在や空家化などを考えると従来は断熱材不要とされてきた戸境壁、天井、床下の断熱に取り組む必要がある。また南面の夏型結露の報告もあることから、いっそのこと六面断熱を打ち出そうという判断があったと思われる。

　熱的な要請、省エネ的な要請から集合住宅の内装システムは再び原点に戻り、内箱の原理、つまりスケルトン・インフィルの原則に忠実な構法開発を

しなければならなくなっているというのが著者の基本認識である

5.7 最新型インフィルモデル

① コンクリート躯体が打ち上がった段階。室内も打放しの精度で仕上がっている。
② サッシが取り付いた状態。外壁はタイル張りが多いので、サッシの抱きはタイル貼りでつくり出される。シールで縁切りされる。
③ サッシに木額縁を取り付ける。
④ 壁面にプラレンガを接着する。六面断熱をこの段階で完成させる場合と、下地組と並行して施工する場合がある。
⑤ 乾式二重床の脚を設置する。スラブ上の配管を適宜逃げながら脚を設置する。

①躯体完成時

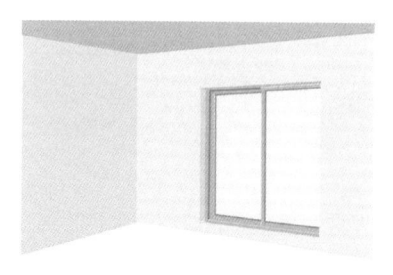

②サッシ取付け時

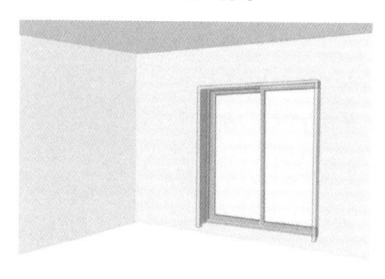

③木額縁取付け時

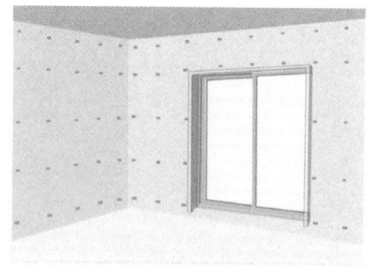

④プラレンガ接着時

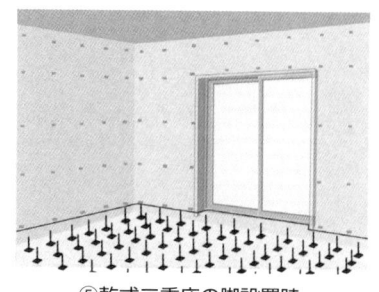

⑤乾式二重床の脚設置時

⑥パーティクルボード設置時

⑦木胴縁設置時

⑧天井木下地組設置時

⑨天井にプラスターボードを貼る

⑩壁にプラスターボードを貼る

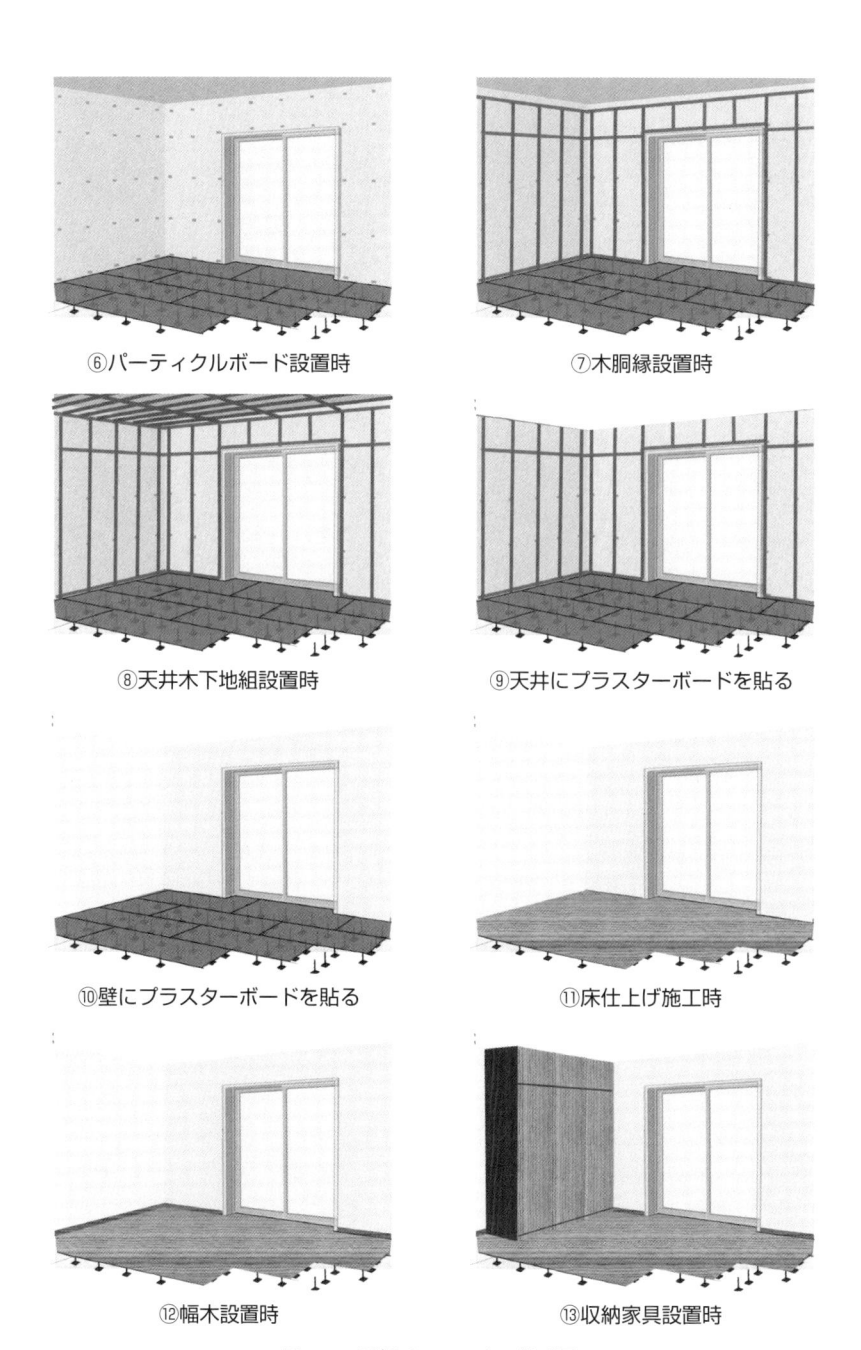

⑪床仕上げ施工時

⑫幅木設置時

⑬収納家具設置時

図5.4　最新インフィルの構成図

⑥ 乾式二重床のパーティクルボードを設置する。このタイミングで床の断熱材を施工する場合もある。
⑦ すでに施工済みのプラレンガを頼りに表層壁の木胴縁組を設置する。このタイミングで表層壁の断熱材を施工する場合もある。
⑧ 天井の木下地組を設置する。このタイミングで天井の断熱材を施工する場合もある。これで六面断熱が完成することになる。
⑨ 天井にプラスターボードを貼る。
⑩ 壁にプラスターボードを貼る。
⑪ 床仕上げを施工する。
⑫ 幅木を施工する。
⑬ 収納家具を施工する。
　家具は置き家具として最後に置く。大工が押入れを施工することはない。

5.8　集合住宅のインフィル構法の変遷のまとめ

　集合住宅のインフィル構法は大工の仕事の数を減らす方向で進化してきた。他の職人に比べ大工の日当は高いので、工場でできる加工は工場へもっていく、現場には非熟練工でもできる仕事のみを残す、という合理化を長期に渡って行ってきた。

　それでもまだ追いつかないので、天井組はやめて直天（じかてん：コンクリート躯体を下地にして吹付材などで直接仕上げる）で行う方式が一般化する。URは設立の当初から現在までこの工法を採用している。一方、天井組は行うが、床組をやめて直床（じかゆか：コンクリート躯体に直接、床仕上材を貼る）で行う方式もあってH工務店はこの方式を貫いてきている。集合住宅の業界の中に、まったく正反対の合理化工法が共存し続けている。

　真壁は手間が掛かるから大壁にする、それでも間に合わないから和室そのものを止める。

　全ての内装を工場でパネル化して、現場ではパネルを立て込むだけというパネル工法も根強く残っている。

　床組は、乾式二重床になって専門工事化して、大工の手から離れてしまっ

ている。フローリング貼りも、大工ではなくフローリング貼り専門技能者の手で行われるように変化してきている。

　内部造作の大部分は家具工事化して工場でつくられている。建具枠も建具と同時に建具メーカーが工場で作成し、現場に搬入する方式もとられている。

　天井回り縁は付けないケースが圧倒的に多い。

　その結果、現場で大工の仕事として残されているのは木額縁と幅木に限定されている。これも工場でシート張りして仕上がっている規格材を現場でカットして組み立てることが大工の仕事になっている。

5.9　木下地合理化工法

　この図5.5は今まで述べてきた集合住宅のインフィルの変遷を図にしたものである。左に出発点である在来木造インフィル構法があり、それがさまざまな合理化によって、大工の手を離れて工場で加工して、現場で専門業者が組み立てる方向で変遷してきた。そして右の到達点を見ると、木下地合理化工法に収斂していっている。目指すものは六面断熱の実現なので、直床・直天は除外するものとすると、木下地合理化工法は天井野縁組・タテヨコ胴縁組・表層壁胴縁組の3つの下地組が流れ込んでいることがわかる。乾式二重

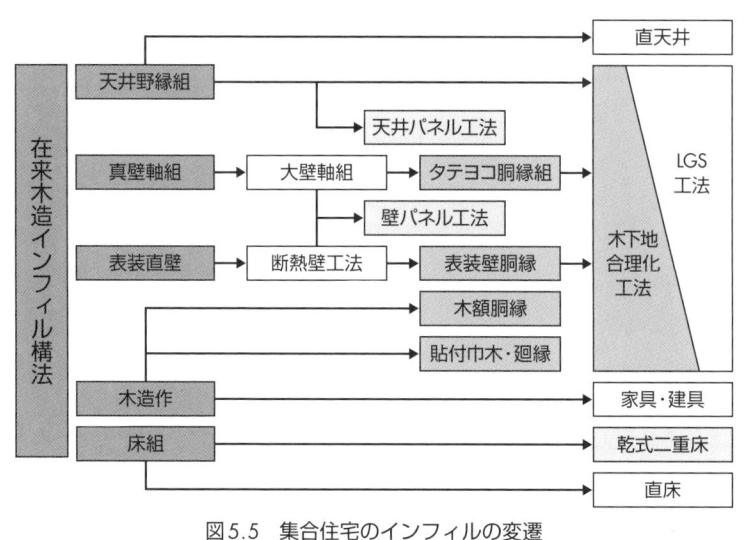

図5.5　集合住宅のインフィルの変遷

床と家具・建具は専門業者に任せ、木下地合理化工法と木額縁・幅木・回り縁を大工が担うというように考えれば、大工主体で集合住宅のインフィルを完成させる戦略の見通しが立つことになる。

　もう一度図5.5を見てほしい。木下地合理化工法と背中合わせにLGS工法が書いてある。今述べてきた木下地合理化工法は実はLGS工法でも代替可能であり、新築工事の世界では強力な競争相手でもある。しかしスケルトン・インフィルは居住者の生活の変化に対応して繰り返しインフィルは改修されるものであり、改修工事という視点から見れば、LGSよりも木下地のほうが圧倒的に取り組みやすい。LGSはLGS工とボード工の両方を入れなければ変更できないし、最後の始末はやはり大工に頼まなければ住宅としての納まりはできない。この観点から木下地の優位性は十分に主張できる。

5.10　大工のどのような能力に期待してシステムを組むか

　何もかもを大工に任せてインフィルを構築するということは、結局は元に戻る、つまり在来木造の世界に戻ってしまうことを意味するのであれば、結局はコスト倒れになってしまう。

　大工が材木に手間暇かけて墨付けをして、刻んで、建て方をしてつくり上げる、目指すべきはそのような在来木造の姿ではない。省力化工法の木造下地は、規格化されたハシゴ形状の下地ユニットであり、これは加工から製作までを完全に工場で行い、大工の手はまったく用いない。

　大工は現場に搬入されたハシゴ状の下地ユニットを現場のコンクリート躯体に合わせて割り付け、貼り付けていく作業を行う。

　通常のパネル工法ならば、現場の躯体寸法を正確に計測して図化し、それにパネルのモジュールで寸法を割り付けていく。左右に半端が出ればそれは特寸のパネルとして工場で製作してくる。

　この省力化工法の木造下地はもちろん規格寸法でできているわけだが、その躯体への割付けを図上で行うのではなく、大工が現場の躯体に合わせて、いわば即興的に割り付けていくのである。当然半端が出るわけだが、その半端は大工が現場に合わせて切断するのである。

高さ方向についても、現場に合わせて2ユニットを重ねたり入れ子にしたりして上下に伸縮させ、上下しっかり納まったところで一体の下地ユニットとなるように固定する。

　モジュールの決まった製品を現場の不確定な寸法の間に、何モジュール入れ、左右にどれだけの余りを出すかは大工が最も得意とするところで、この能力を最大限現場で発揮してもらうところにこのシステムの根幹がある。

5.11　大工が主役となる仕上げのイメージ

　木下地合理化工法は下地のシステムなので、どのような仕上材にも対応できる下地を提供するというところに市場性があるわけであるが、現状のマンション市場では99％その上にプラスターボードが貼られ、パテしごきされて、ビニルクロスが貼られるわけである。

　せっかく、大工が内装工事の主役として復権したのに、下地の段階で退場して、後をボード屋とクロス屋に任せてしまうのはあまりにももったいない。

　せっかく大工がつくる内装なのだから、下地の上に木の香りのする仕上材を貼るインテリア壁を構想してみたい。

　基本の仕上げは全て木製で、パネル型のもの、サイディング型、格子型の3種類とする。

　それに長物として木製の幅木、見切縁、長押、回り縁を加える。

【参考事例1】

　NEXT21という大阪にある実験集合住宅で開発したものを参考事例として掲げる。これは長押部分を最初につくり、それを手掛かりに両面からパネルをはめ込んでいって、自由自在に位置を変えられる可変間仕切をつくった例(写真5.6)。

写真5.6　可動間仕切
(移動後、余った部材は床下に収納する)

5　インフィル改修を大工が担う　125

【参考事例2】

　この例は、最初に例を挙げた求道学舎で武田五一の設計による腰壁の例。

　木製といっても、単に木の香りを楽しむだけでなく、木製鏡板の周囲に枠を付けて工場でパネル状に加工したものを現場に持ち込んで取り付けた例(写真5.7)。

写真5.7　求道学舎の腰壁

【参考事例3】

　これは幼稚園で用いられた腰壁の例。表層壁の下地パネルの腰部分のみにサイディングを貼り、上部のボード壁とは見切縁で縁を切ったもの(写真5.8)。

写真5.8　幼稚園の腰壁

【参考事例4】

　下地パネルの上に木製の格子組を貼って、自然換気のための欄間とした例(写真5.9)。

写真5.9　自然換気用欄間

5.12 仕上材の組合せによるバリエーション

　一つの下地フレームに、さまざまな仕上材を貼ることで、イメージも性能も変化する。パンチング風の木材を両面から貼り視覚による変化を楽しむ、格子をつくって欄間の風抜きにする、厚板をルーターで加工して凹凸のある壁をつくる。これらは決して大量生産するものではなく、その現場を担当した大工が、このような材をこういう形で断面加工して○○m^{2}届けてくれと材木屋に頼むと何日か後に注文通りの断面のプロフィールで切断された材が現場に運び込まれ、それを大工が下地フレームに貼りつけて完成とする。それは大工の知恵が盛り込まれたその家にしかない意匠として展開される。

　このように大工の手仕事がこのように見える形で集合住宅の中で展開していけば、日本の集合住宅はもっと豊かな変化に満ちた住環境に生まれ変わるのではないか。前川國男が戦後すぐ夢見て、われわれに見せてくれたあの世界が、今日のマンションの一室に展開する可能性がある。

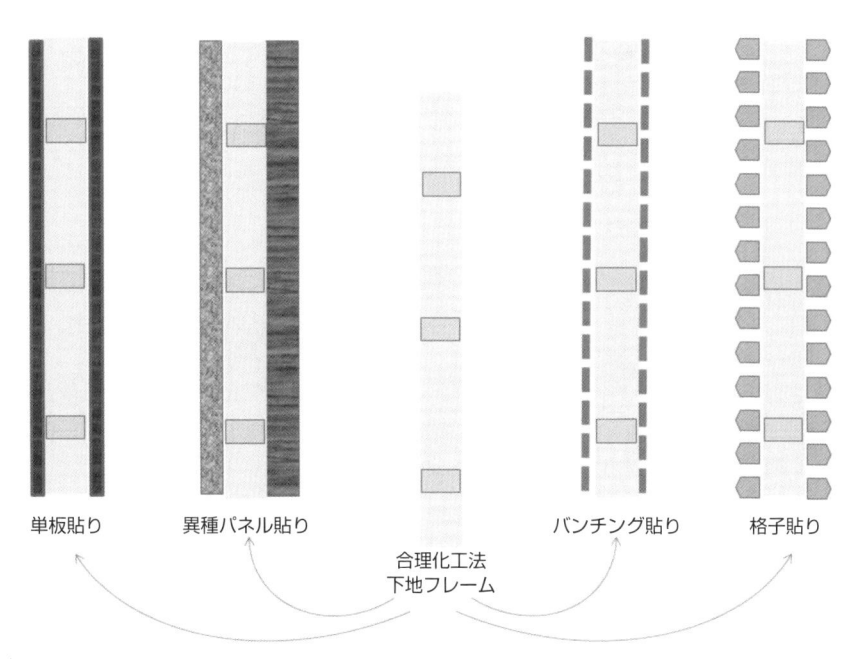

図5.6　仕上材の組合せによるバリエーション

6 給排水衛生・換気設備の変遷と診断・改修

6.1 集合住宅の給排水設備等の変遷

(1) 給水設備の方式と変遷

　水道本管から各住戸まで給水する方式には、一般に直結給水方式、高架水槽方式、高置水槽方式、ポンプ圧送方式、圧力タンク方式、直結増圧給水方式などがある。

　直結給水方式は、水道本管から直接給水する方式で、2階建までの戸建住宅は、ほとんどこの方式である。高架水槽方式は、1950年後半から1960年前半にかけて住宅団地で採用された方式で、建物とは別に建てた給水搭（タワー）の頂部に水槽を設置し重力により、各住棟に配水するもので、現在ではほとんど採用されない。高置水槽方式は、受水槽にいったん貯められた水をポンプで建物の屋上などに設置された水槽に揚水し、重力により各住戸に給水するもので、中高層住宅に多く採用され今日でも多い給水方式である（図6.1）。

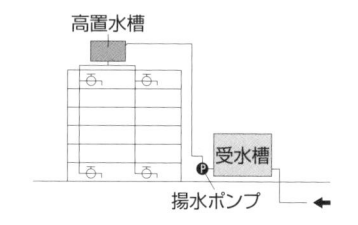

図6.1　高置水槽方式

　ポンプ圧送方式、圧力タンク方式は受水槽の水を圧送ポンプで直接各住戸へ送水する方式である。ポンプの性能が向上したことにより、ポンプ圧送方式もよく採用される（図6.2）。また、給水圧力を安定させるために、途中に圧力タンクを設置する方式が圧力タンク方式である。

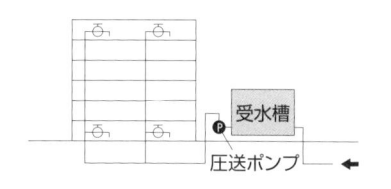

図6.2　ポンプ圧送方式

　1990年頃から、水道本管からの引込み

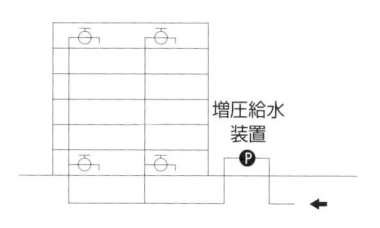

図6.3　直結増圧給水方式

管の途中に増圧ポンプを設置することで、受水槽を用いず、高層階へ直接給水する直結増圧給水方式が始まった。各地域の自治体によって設置条件は異なる場合があるが、最近の集合住宅のリフォームでは積極的に検討されている方式である（図6.3）。受水槽や高置水槽を用いた給水方式は、停電時や災害時に水槽内の残水を飲料水として使用することができたが、直結増圧給水方式を採用すると、停電時には即断水になり非常用の水の確保ができなくなる不安から、改修時に改めて水槽方式が再検討されることもある。

コラム1　非常用水備蓄の考え方

　最近のリフォームでは、集合住宅の給水方式が受水槽や高置水槽を必要としない直結増圧給水方式に変更されることが多くなってきている。高置水槽がある場合には、停電時にも一定時間水を確保することができる。また、受水槽がある場合には被災時などに非常用水の確保が可能となる。直結増圧給水方式では、停電と同時にポンプが停止するためにすぐに水が出なくなる。そのため最近の超高層マンションでは非常用水の備蓄が行政からも推奨されている。非常時の飲料水の備蓄は、被災後、行政の給水車が対応できるまでの3日間、1人1日3l必要といわれている。これは人が生理的に必要な最低限の飲料水量で、もちろんこれには洗面

表1　被災後時間経過で必要とされる生活用水（単位：l/（人・日））

用途	第一段階 被災～3日目	第二段階 4日目～	第三段階 8(11)日目～	第三段階 14(20)日目～	第四段階 29日目(5週目)以降
飲用 炊事	3	3	3	21	40.6～67.1
洗面	−	6	6	6	8.9～21.7
入浴	−	−	9	38	37.6～64.6
洗濯	−	−	10	19	35.7～71.5
トイレ	−	11～16	11～16	14	30.4～46.8
その他	−	−	−	2	18.6～21.6
合計	3	約20	約40	100	173.3～294.8

出典：「大規模建築物の給排水設備等の防災対策に関する基準の検討」平成21年度国土交通省建築基準整備促進助成金事業（株式会社ジエス　財団法人日本建築防災協会）

やトイレ、洗濯、入浴の水量は含んでいない。1人1日、普段の生活で使用している水量200〜350lの節減度合は、渇水期などの調査から、100lまでが限界といわれている（表1）。共用部分の備蓄倉庫に共用の飲料水備蓄などを行うほか、各家庭においても飲料水をはじめとして非常用品の備蓄スペースを玄関周りなどに計画することも大切である。

（2）排水設備の方式と変遷

　排水方式には、通気立て管方式、伸頂通気方式、排水用特殊継手方式がある。これらの方式はいずれも現在も採用されている。初期の頃の集合住宅では、排水管と併設して通気立て管を設ける通気立て管方式（図6.4）が採用されていたが、その後、中層、高層を問わず伸頂通気方式（図6.5）が採用され、1980年代に入っては、一本の排水管で通気機能を兼ねた排水用特殊継手方式（図6.6）が開発された。この方式は、現在、広く集合住宅で普及しているとともに、超高層住宅においても採用されている。

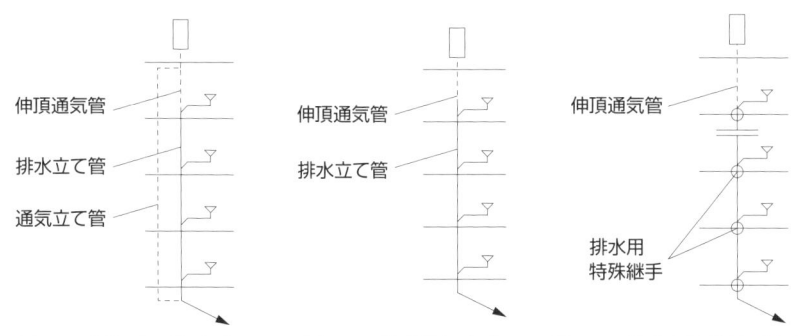

図6.4　通気立て管方式　　図6.5　伸頂通気方式　　図6.6　排水用特殊継手方式

　この排水用特殊継手方式は、ヨーロッパから導入されたシステムで、排水が立て管内を旋回して落下することにより、配管内の空気と水が入れ替わりながら流れる方式で、通気管と排水管が一本の管で行われることから単管式排水システムともいわれている。

（3）風呂釜・給湯設備の変遷

　浴槽は、1955年頃は、タイル浴槽や木製浴槽が使用されていた（写真

6.1)。1960年半ば頃からホーロー浴槽が使われるようになり、1970年半ば頃にはFRP浴槽やステンレス浴槽が導入されてきた。

　集合住宅の浴室は、当初はコンクリートスラブにアスファルト防水などを施した在来工法であったが、1990年後半頃からユニット化工法が開発普及するようになった。古い集合住宅には在来工法の浴室も依然多くあり、リフォーム時にユニット化工法に変更する場合には、既存排水管の改修などが必要になる。

写真6.1　木製浴槽 (キッチン・バス工業会：よくわかるキッチン・バス総合読本)

　浴槽の熱源は、当初はガスだき外釜が主力であったが、1960年代の後半には、浴室内の空気を汚染しないBF風呂釜（写真6.2、図6.7）が登場した。BF風呂釜は次第に多機能化し給湯やシャワー機能が付加されるようになり、風呂給湯は風呂釜から給湯器に移行しセントラル給湯システムが普及してきた。さらに、給湯器は次第に大型化し、かつ多機能化され、現在では排ガスの熱も回収した高効率な潜熱回収型給湯暖房機にまで進化してきている。浴室から始まったセントラル給湯システムは、集合住宅生活の快適性を大きく向上させたということができる(図6.8)。

写真6.2　BF風呂釜 (建築技術支援協会LLB技術研究会：設備開発物語、市ヶ谷出版社)

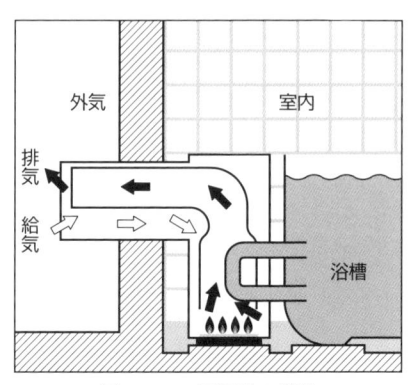

図6.7　BF風呂釜の構造

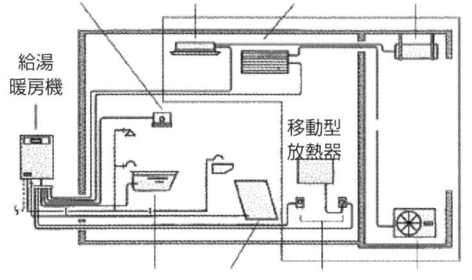

図6.8　給湯暖冷房システム(UR都市機構：'ING REPORT〜機〜)

コラム2　潜熱回収型給湯器の原理

　潜熱回収型給湯器（通称エコジョーズ）は、従来は捨てていた排ガスの熱を有効利用することにより高効率化を実現した給湯器のことである。

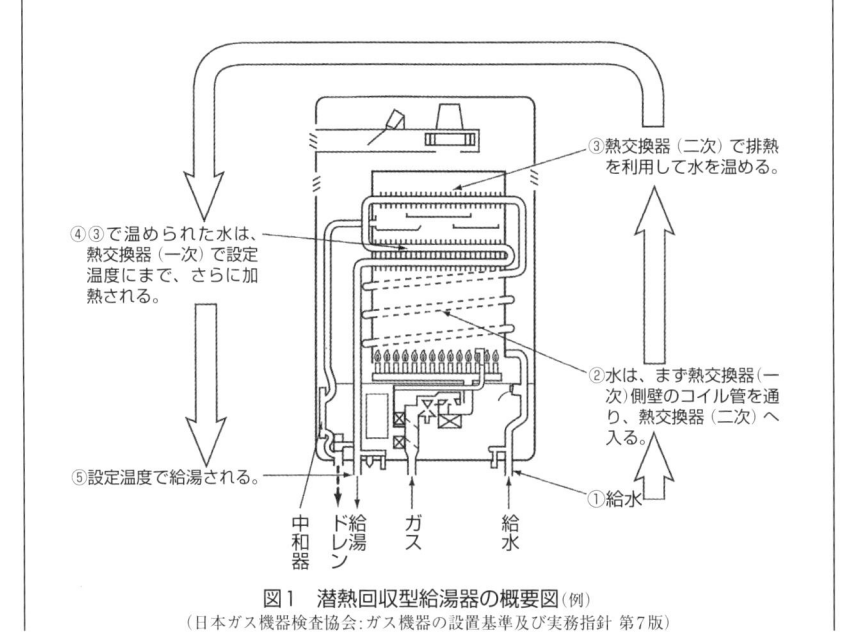

③熱交換器（二次）で排熱を利用して水を温める。

④③で温められた水は、熱交換器（一次）で設定温度にまで、さらに加熱される。

②水は、まず熱交換器（一次）側壁のコイル管を通り、熱交換器（二次）へ入る。

⑤設定温度で給湯される。

①給水

中和器　ドレン　ガス　給水

図1　潜熱回収型給湯器の概要図(例)
(日本ガス機器検査協会：ガス機器の設置基準及び実務指針 第7版)

6　給排水衛生・換気設備の変遷と診断・改修　133

従来の給湯器の排ガス温度は約200℃前後で機外に排出されていた。潜熱回収型給湯器は、従来の熱交換器の上部に、もう一つの熱交換器（潜熱回収器）を組み込み、200℃の排ガスから顕熱のみならず潜熱までも有効に回収し、熱効率90～95％を可能にしたものである（図1）。排気ガス温度は100℃以下(50～80℃)となり、給湯器の設置基準等も緩和されている。しかし、酸性のドレン水（凝縮水）が発生するため中和器で中性化して排出しなくてはならない。このドレン水は原則として生活用排水として一般の排水管に接続して放流することが原則であるが、ベランダなどで雨水と合流することを認めている自治体もあることから確認する必要がある。

(4) 設備配管材料の変遷

　1955年頃、集合住宅の給水管は鋼管内部に亜鉛めっきを施した亜鉛めっき鋼管が使用された。この配管は、経年によって管内部に錆が発生し「赤水」の被害が多発した。この対策のために、1960年代後半に入って鋼管内に硬質塩化ビニル管を内貼りし、耐食性をもたせた硬質塩化ビニルライニング鋼管が市販された。当初は、この鋼管にエポキシ樹脂を塗布しただけの継手を使用していたために、継手部に集中した錆が発生し第2次赤水の原因となった。そこで管端を防食する耐食性能に優れたコア内蔵継手が開発された。これにより水道水の赤水問題は一気に解消されることになった(表6.1)。

　排水管は、当初、鋼管、鉛管、鋳鉄管などが使用された。鋼管や鉛管は腐食や使い勝手などからその後使用されなくなり、防食用塗覆装鋼管（タールエポキシ管）、排水用硬質塩化ビニル管、排水用硬質塩化ビニルライニング鋼管、鋳鉄管などが広く使用されている。排水管の接続もねじ接合や、鉛コーキング接合などからMD継手などのメカニカル接合、ゴムパッキンを用いたワンタッチ継手が主流になってきた。

　住戸内の給水・給湯管については、架橋ポリエチレン管やポリブテン管などの小口径樹脂管を使用したさや管ヘッダー方式が開発され普及するように

表6.1 給水・給湯配管の変遷

主な管理	給水・給湯区分	1955 30	1960 35	1965 40	1970 45	1975 50	1980 55	1985 60	1990 H 2	1995 7	2000 12	2005 17
水配管用亜鉛めっき鋼管(SGPW)	給水		◇JIS制定							◆JIS改正(水道用途より除外)		
	給湯		◇JIS制定							◆JIS改正(水道用途より除外)		
銅管(CUP)	給湯						水道用被覆鋼管：JWWA制定◇					
硬質塩化ビニルライニング鋼管	給水(水道用)(SGP-V)						◇JWWA制定(管)		◇JPF制定(継手)	◇JWWA制定(継手)		
	給湯(水道用耐熱)(SGP-HVA)								◇JWWA制定 ◇WSP(管)、JPF(継手)制定			
水道用ポリエチレン粉体ライニング鋼管(SGP-P)	給水							◇JWWA制定				
ステンレス鋼管	給水(水道用)(SSP-SUS)							◇JWWA制定(水道用)				
	給湯(SUS)							◇JWWA制定(水道用)				
硬質ポリ塩化ビニル管	給水(水道用)(VP、HIVP)	◇JIS制定				HIVP：JWWA制定		◇JIS改正				
	給湯(耐熱性)(HTVP)						◇HTVP：JIS制定					
水道用耐震型高性能ポリエチレン管	給水											
水道用架橋ポリエチレン管(PE-X)	給水・給湯両用								◇JIS制定(水道用)			
水道用ポリブテン管(PB)									◇JIS制定(水道用)			

図示例：□ 導入期、▨ 普及期、▩ 定着期、■ 衰退期

＊表中のJWWAとは「(社)日本水道協会」、WSPとは「日本水道鋼管協会」である。

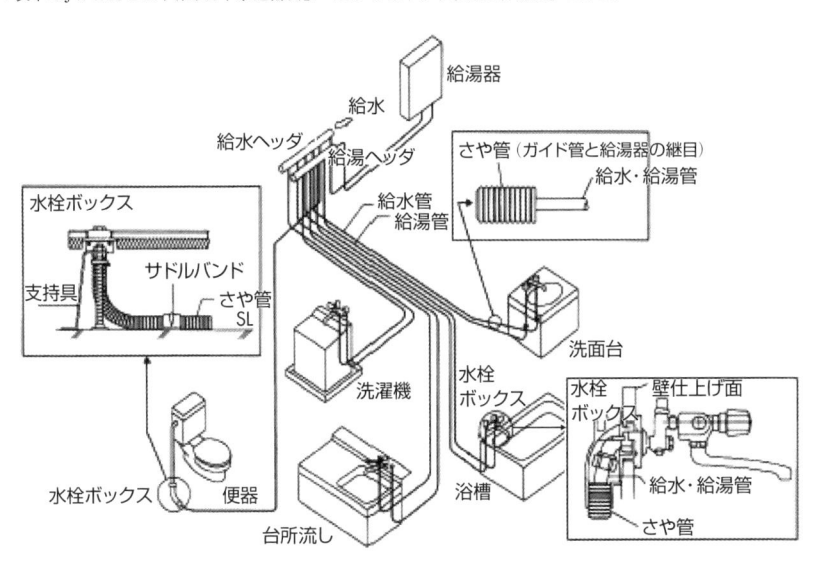

図6.9 さや管ヘッダー方式(建築技術支援協会LLB技術研究会編：設備開発物語、市ヶ谷出版社)

6 給排水衛生・換気設備の変遷と診断・改修 | 135

なった(図6.9)。また、耐久性の高い管材といわれるステンレス製の給水管、給湯管も、継手の改良や低コスト化に伴って需要が拡大している。

(5) 換気方式の変遷

　台所の換気は、初期の集合住宅では、台所が外気に面した場所に配置されるのが標準で、窓の開閉による自然換気が一般的であった。1970年代は壁つけのプロペラ型換気扇が導入され、1980年代からは深型レンジフードファンが開発され設置された。浴室についても当初は自然換気であったが、1970年代の後半には、ダクトファンによる単独、又は浴室・トイレなどの2室換気が行われた。1980年代後半には、天井扇による洗面・トイレ・浴室の3室換気扇が開発された。浴室の天井に納められた天井扇は、その後多機能化し、浴室暖房・換気・乾燥機に進化している。

　2000年に入って、建材や塗料から発散されるホルムアルデヒドによるシックハウス対策として、24時間の常時機械換気が建築基準法で義務化されて、居室を含む全体換気が必要になった。集合住宅では、各部屋の給気口から外気を取り入れ浴室の天井扇などから排気する、いわゆる第3種換気システムが主に採用されている。

コラム3　ダクト設置の注意点

　住宅の中で設置されるダクトには、レンジフードから屋外に排気されるダクト、浴室やトイレから排気されるダクト、24時間換気などで使われるダクトなどがある。ダクト設置について共通に注意が必要なことは、①熱の対策、②結露の対策、③漏気の対策、④ダンパーの対策、⑤音の対策などがある。熱に対しては、レンジフードに接続されるダクトの耐火被覆が問題になる。建築基準法や消防法で定められた被覆を行うことが求められる。結露は主として厨房や浴室からの水蒸気を含んだ暖気が、屋外に排気される直前で冷やされて起こる。ダクトは、外壁に向かって下がり勾配で設置して、ダクトの中で凝縮した結露水が屋外に排出されることが必要である(図1)。また、屋外のベントキャップから外壁に結露

水が流れると汚ダレの原因となり外壁を汚損することがある。また、ダクトどうしの接続部はしっかり気密テープで巻かなくてはならない。ダクトから天井裏に空気が漏れると、排気不良や天井内の壁面結露の原因となる。ダクトの途中には風量制御のダンパーや防火区画貫通時の防火ダンパー（写真1）などが設置されるが、長期に使用した場合に結露水や雨水によって錆つくことがあるので、点検修理する点検口を用意する必要がある。ダクトや機器との接続部、天井材などへの接続部、スラブからの吊りボルトなどは、ファンの振動などでボルトが緩み騒音の原因なることがあるので、防振と併せて注意しなければならない。

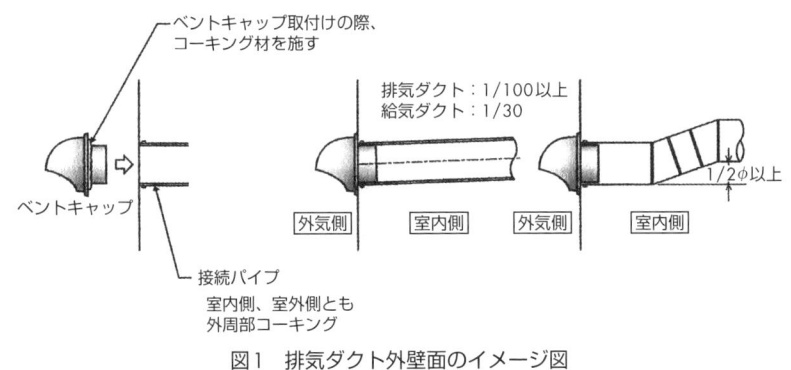

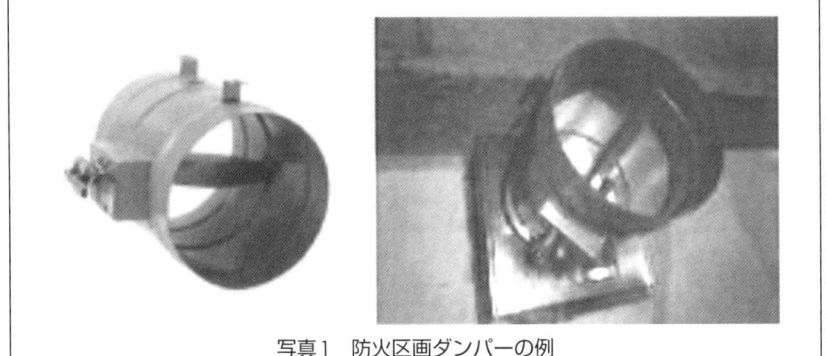

図1 排気ダクト外壁面のイメージ図
（ベターリビング：住宅の換気設備マニュアル、2003年）

写真1 防火区画ダンパーの例

(6) 衛生器具の変遷

　1960年以前の集合住宅では、和風兼用便器が採用され、洗浄方式はハイタンク方式やフラッシュバルブ方式であった。1960年代半ばには、早くも住宅公団では洋風便器使用のロータンク方式が採用された。現在ではタンクのないタンクレス方式も民間マンションでは採用されている（写真6.3）。

写真6.3　タンクレス便器

　汚水管は当初はスラブ下配管であったが、間もなくスラブ上配管方式に変わっている。和風兼用便器の洗浄方式は洗出し式であったが、洋風便器では公団は洗落とし式の便器を採用した。その後、民間のマンションではサイホン式、サイホンゼット式便器が採用されるようになったが、公団では現在でも洗落とし式であり、サイホン式は標準採用にはなっていない。

コラム4　大便器の洗浄方式による種類

　大便器を洗浄方式で分けると図1のようになる。

①洗出し式

　水の落差による勢いで汚物を流す方式の大便器で、溜水面（水溜り面）が狭く水溜り量が少ないため、汚物の付着や臭気の発散がある。和風便器のほとんどがこのタイプである。配管方式などから現在の集合住宅では不向きとなっている。

②洗落とし式

　水の落差による流水作用で汚物を押し流す方式で、安価な便器。溜水面が狭いため、便鉢内に汚物が付着しやすい。

③サイホン式

　サイホン作用で汚物を吸い込むように排出する便器。溜水面が広いために、洗落とし式にくらべて汚物が付着しにくい。

④サイホンゼット式

　ゼット穴から吹き出す水の勢いで強いサイホン作用を起し、汚物を吸

①洗出し式　　　　②洗落とし式　　　　③サイホン式

④サイホンゼット式　　⑤ブローアウト式　　⑥サイホンボルテックス式

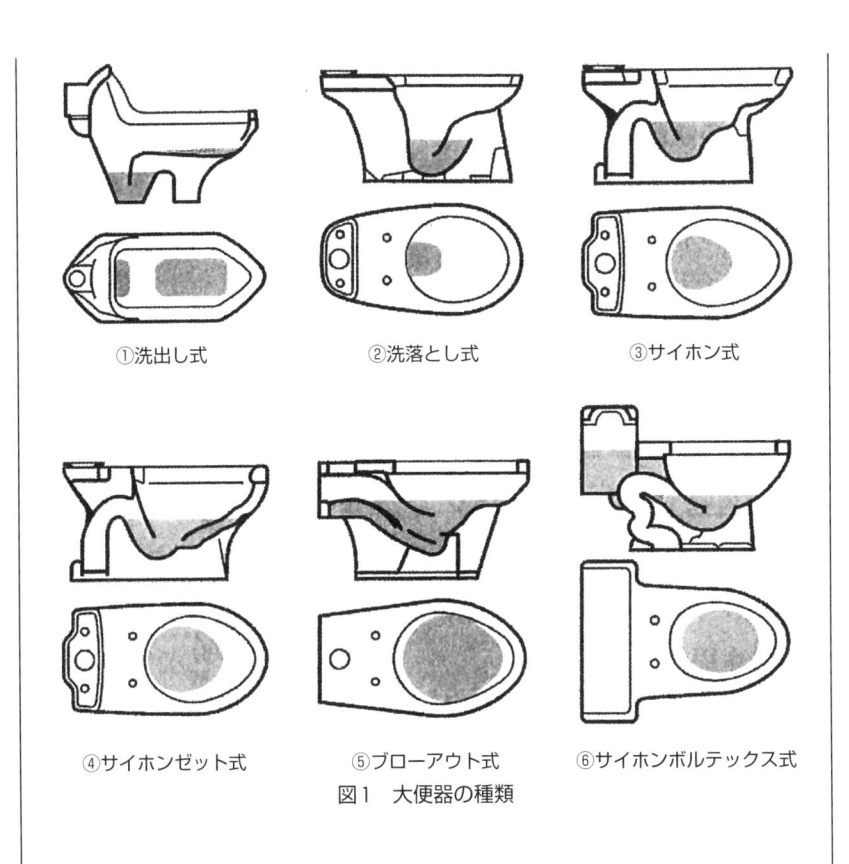

図1　大便器の種類

い込むように排出する便器。サイホン式よりも溜水面が広いために、汚物の付着や臭気の発散が少ない。
⑤ブローアウト式
　ゼット穴から洗浄水を強力に噴射させ、その勢いで汚物を排出する便器。溜水面が広く、汚物の付着や臭気の発散が少ないが、他の便器にくらべ洗浄音が大きい。
⑥サイホンボルテックス式
　サイホン作用と渦巻き作用を併用した洗浄方式で、洗浄音が最も静かな最高級便器。溜水面が広いため、汚物が水中に沈み、臭気の発散や汚物の付着がほとんどない。

2000年に入り節水型便器の開発が始まった。それまでは1回の洗浄で13lもの洗浄水が使用されていたが、1990年半ばから8lの節水便器が登場した。その後、公団でも6l便器を開発発表し、さらに衛生陶器メーカー各社からは、5lを下回る節水型便器も市販されるようになった。

　便器の開発で特筆すべきは、温水洗浄便座（写真6.4）の開発普及である。当初は、暖房便座のみであったが、1990年頃から温水洗浄機能をもった便座が市販された。その後機能の多様化が進み、これらの機能が一体化した便器が普及するようになった。

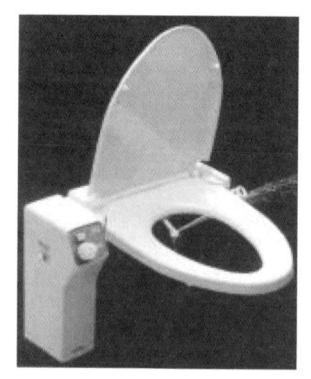

写真6.4　温水洗浄便座例

　洗面器は、当初の人研(じんとぎ)洗面器、壁掛け型洗面器から洗面ユニットへと進化し、現在では収納と一体化された洗面化粧ユニットとなっている。また、各衛生器具に使用される水栓金物も大きく発展してきている。当初は単水栓であったが、給湯の普及により混合水栓が使用されるようになった。操作バルブもツーバルブ方式からシングルレバー方式に変わってきた。現在では、温度調整ができるサーモミキシング水栓や一定量を吐出する定流量水栓、シャワーとの切り替えができるシャワー水栓、手をかざすだけで吐水する自動水栓など、機能やデザインが多様化してきている。

6.2　設備の診断

(1) 設備機器の更新時期の目安

　設備機器や配管は長年使用すれば必ず劣化し交換しなくてはならない。住戸内の設備機器は、使用頻度やメンテナンスの良否で異なってくるが、おおむね10年から20年で交換の時期を迎える。そのため、採用に当たっては点検や交換を容易にできる設計が必要である。

　管理組合が実施する集合住宅の共用部の設備及び配管類の修繕や更新の周期の目安は、表6.2のとおりである。住戸別の改修を行う場合には、近々大

規模修繕が実施されるかどうかを管理組合などに打診することが望ましい。

表6.2　集合住宅における共用設備の更新時期の目安

設備名称	部位名称	更新年	設備名称	部位名称	更新年
給水設備	給水管	20〜30	電気設備	自家発電設備	30
	貯水槽	25	情報・通信	テレビ共聴	15
	給水ポンプ	16		電話設備	30
排水設備	排水管	20〜30		オートロック	15
ガス設備	ガス管	20〜30	消防設備	自動火災報知機	20
	空調・換気設備	15		屋内消火栓	25
電気設備	電灯設備	15		連結送水管	25
	避雷針設備	40	昇降機	かご内装・扉枠	15
	盤類	30		本体交換	30
	幹線	30	立体駐車場	機械式	20

(2) 設備配管の劣化と簡易診断

　設備配管は、集合住宅の専用部と共用部に連続してつながっているために、劣化現象は共用部、専用部にまたがって発生する。そのため、専用部の配管の更新を実施する場合には、共用部の劣化に対しても注意を払うことが大切である。

　特に、比較的古い集合住宅では、配管類が下階の住戸を経由して引き込まれていたり、引き出されていたりしている場合もあり、下階にある配管の劣化状況については、特に留意する必要がある。

　設備配管の劣化は隠蔽部で発生するために目視で確認することは難しいが、目視や五感の範囲で簡易に診断できる劣化現象を表6.3に整理する。配管の仕様や設備の方式によって違いはあるが、これらの兆候をチェックすることにより配管の問題点を把握しリフォーム改修時の判断材料とすることができる。

表6.3　集合住宅における設備の劣化現象(例)

設備名称	観察部位	目視調査等でわかる劣化現象	想定される原因
給水設備	メーターボックスまわり（パイプスペース内）	メーター接続部からの漏水	異種金属接触腐食
		弁類の腐食及び作動不良	
		継手部・接続部の腐食及び漏水	
		保温材・配管カバー類の損傷・濡れ	漏水の可能性
	給水栓まわり	長期不使用後や朝一番の赤水（鋼管）	管内腐食、スケール付着・詰まり
		水量・水圧の不足	
		止水不良	パッキン等の劣化
給湯設備	ガス給湯器	着火不良、昇温不良	
		排気筒・排気筒トップ等の外れ、脱落	
	給湯器・熱交換器まわり（パイプシャフト内、その他）	給湯器等接続部からの漏水	異種金属接触腐食
		弁類の腐食及び作動不良	
		継手部・接合部の腐食及び漏水	
		保温材・配管カバー類の損傷・濡れ	漏水の可能性
	給湯栓・混合水栓まわり	長期不使用後や朝一番の赤水（鋼管）	管内腐食、スケール付着・詰まり
		青水の発生（銅管）	
		水量・水圧の不足	
		止水不良	パッキン等の劣化
排水設備	排水立て管まわり（パイプシャフト内）	継手部、接合部の腐食及び漏水	腐食、ガスケットの損傷・詰まり
		防露材、配管カバー類の損傷・濡れ	
	排水器具・トラップ	排水口からの異臭	トラップの破封
		排水時の異音（ボコボコ音等）	スライム付着、異物等の詰まり
		排水不良	
換気設備	換気扇（厨房レンジフード及び浴室換気扇）	異音発生	ダンパー作動不良ダクト接合部等外れ等による漏気
		換気風量減少	
	ダクト	保温材・耐火被覆材損傷、脱落	
		漏気・異音（風音）	

コラム5　設備の共用と専有の区分の扱い

　分譲集合住宅には、共用部分と専有部分の区分がある。大規模修繕と住戸ごとに行う修繕の範囲を明確にするうえでも、設備についての区分を知ることは重要なことである。一般に、給水設備ではメーターボックス内にある水道メーターを挟んで、水上側（一次側）を共用部分とし、水道メーターより住戸側（二次側）を専有部分としている。減圧弁及び逆止め弁は住棟全体の給水圧力を調整したり、共用部への水の逆流を防いでいることから、当然共用部の設備機器といえる。水道メーターは、計量法に基づき交換を行うことから共用部設備機器の一つとなる。

　同様に、ガス設備についてはガスメーターまで、電気に関しては電力メーターまでが共用部分扱いとなる。それぞれのメーターは、電力会社、ガス会社の、いわゆる第三者の所有・管理部分となっている。

　排水設備では、メーターに類するものはないために明確な区分がしにくいが、一般的には排水立て管の継手部までの排水横枝管を専有部分としている例が多い。しかし、建築基準法に基づく防火区画貫通処理のため立て管の継手部から住戸側1mまでは、不燃性の管材を使用しなくてはならず、この1mの配管部分を共用部管理の対象にしている事例もある。

　上階の住戸専有部分に属する配管類が、スラブを貫通して階下住戸の

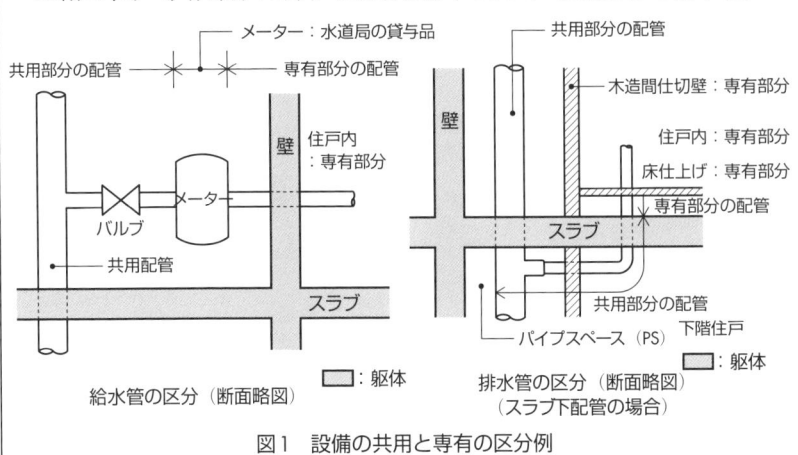

図1　設備の共用と専有の区分例

天井裏などに設置されている場合には、最高裁判所の判例（平成12年3月）によって共用部分と解釈するのが相当とされたため、共用部分に位置づけている場合がある。そのため、これらの配管からの漏水事故等に対しては、管理組合の責任対応としている集合住宅も多い。集合住宅設備の共用と専有の区分例を図1に示す。

(3) 診断結果のリフォームへの活用

インテリアのリフォーム時に、設備の立て配管、下階天井内の配管、パイプスペース内の配管について接続の変更、移設等を行うときは管理組合の了解が必要である。また、住戸内の横枝管類のルート変更や、既設の給水・給湯管の撤去を行ったときは、配管のルートや腐食等の写真記録を、大規模修

表6.4　非破壊検査の種類と特徴

調査法	原理と特徴	模式図
X線調査	配管にX線を照射し、透過したX線の強度変化を、フィルムの白黒濃淡映像として観察する。 白黒のコントラストから、配管肉厚の減少や錆こぶの状態を観察できる。 X線照射時、管理区域内を立入り禁止にする。	X線発生装置／X線／配管／X線フィルム
超音波肉厚測定調査	配管に超音波のパルスを送り、反対側の配管表面（錆こぶとの界面）で反射してくるまでの時間から、配管肉厚を算出する。 局部的に肉厚が減少していると、計測で見落とす場合がある。	深触子／配管／錆こぶ
内視鏡調査	配管内部に内視鏡（ファイバースコープなど）を挿入し、状況を観察する。写真やビデオにより、映像を記録する。 錆こぶの状況などを目視で確認できるが、配管肉厚は測定できない。	内視鏡／光源／配管
配管採取（抜管）調査	配管を採取し、酸洗浄により腐食生成物を除去、ポイントマイクロメータで配管肉厚を測定する。 配管の劣化状況の確認や肉厚の測定を確実に行える。 配管の採取・復旧に時間を要する。	酸洗い／肉厚測定

出典：建築設備の診断とリニューアル（一般社団法人 日本建築設備診断機構 編、オーム社）

繕や他住戸改修の参考として、管理組合に情報提供することが望ましい。

　排水管については、リフォーム後に適正な排水勾配が確保できることが重要である。また、階下の天井裏にある排水管を継続使用しなければならない場合には、非破壊検査（表6.4）による排水管の劣化調査を行い、その結果をもとに将来の更新対応や掃除口の増設などの設置を検討することも大切である。

6.3　専用設備の改修
(1) 省エネ・節水型機器の採用

　住宅内のエネルギー消費の多くは、給湯や暖房の熱エネルギーと家電製品や照明に使われる電気エネルギーであり、そのため高効率な給湯器、エアコン、保温浴槽、省エネ型家電製品、LED照明器具などの積極的採用が推奨される。特に冷暖房エネルギーの削減には住戸内の断熱や気密性の確保が前提であることはいうまでもない。

　最近のエアコンの省エネルギー化技術には目覚ましいものがある。機器の交換だけでも大きな省エネ効果を得ることができる。エアコンを設置する場合に、室内機と室外機を結ぶ配管を「冷媒管」というが、この冷媒管は液管、ガス管、ドレン管の3種類の配管が保温材とともに1本にまとめられて、室内機から屋外の室外機まで配管されている。冷媒はエアコンのコンプレッサーによって圧縮され液化し、膨張弁で蒸発してガス化するサイクルを繰り返して循環しているが、ドレン管は冷房運転時に室内の空気を冷やすことによって凝縮した水分を屋外に排出する配管である。液管、ガス管は配管の設置高さによる影響はないが、ドレン管は一般に高低差（自然勾配）で水を流すことになっていて、室外に向けて下がり勾配として設置する必要がある。ドレン管が外壁のスリーブを抜けるときに逆勾配になったり、室内や室外で冷媒管を長く引き回すときに配管の途中がたるんだりするとドレンが流れなくなる。ドレンが流れないと室内機からドレンが溢れたりする。また、中だるみの配管には水が溜まっていることがあり、外の風が吹き込まれると音を発生することがある。

また、近年、大便器の節水化が進められており、節水は貯水や配水に使用される公共事業側の電力使用の削減につながり、広い意味で省エネ対策になる。現在では、5lを下まわる節水型便器も市販されているが、リフォームで採用する場合には、既設の排水管の勾配が十分でない場合や、立て管までの距離が長い場合、配管の曲がり数が多い場合などは、節水型便器の採用により新たに詰まりを起こすおそれがあるので注意を要する。

コラム6　節水型便器の効用と注意点

　集合住宅では、1人1日当たり200～350lの水を使用しているといわれている（空気調和・衛生工学会）。その内訳は、図1に示すようにトイレ28％、風呂24％、炊事23％、洗濯17％、洗面・その他8％となっている（東京都水道局）。単に汚物を排出するだけのトイレの排水量を減らすことは、資源の有効利用だけでなく、水が家庭に届くまでの電力などの節減にもつながっていて、低炭素化促進にも貢献する。

　2000年を境にして、大便器の節水化が急速に進んできた。従来、1回の洗浄に要していた水量は13l以上であったが、8l程度の節水型便器へ改良され、近年では6lの超節水型便器が一般に普及している。さらに便器の洗浄構造の改善が進み5l以下の便器も出現している。しかし、リフ

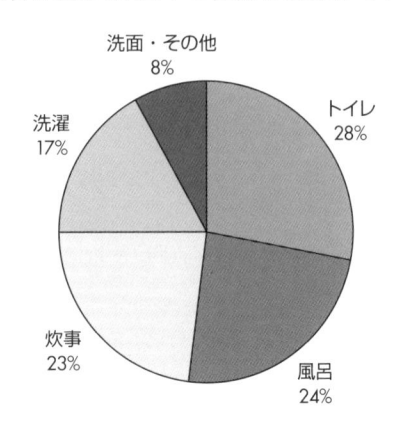

図1　目的別家庭用水使用量の割合（東京都水道局2002年度）

ォームのときに、従来の古い排水管に節水型便器を接続するときには、水量が少なくなるために配管内の汚物の搬送能力が減り、詰まりの原因となることもあるので、配管勾配や曲がり数などに注意を払う必要がある。

(2) 漏水・遮音への配慮

　設備からの漏水は、主に配管どうしをつなぐ継手部、配管と機器とをつなぐ接続部に多い。最近では、配管材料に樹脂管や樹脂ライニングをした金属管が使用されるようになり、配管自体からの漏水は減っている。

　給水や給湯管では、ねじ接続された金属管のねじ部の腐食による漏水、塩ビ管などの継手部の差し込み不足や接着不良による漏水など、いわゆる工事不良によるものが多い。水栓や機器との接続は、無理な芯ずれ合わせによる漏水、接続部の金物の締めつけ不良による漏水などがある。配管と機器との接続部は、異常があった場合に備えて、近くの点検口から確認することができることが望ましい。

　排水管からの漏水は、配管内部の異物の詰まりによる排水口からの溢水、特に洗濯防水パンからの溢水に注意が必要である。厨房に多いが、蛇口部から漏水が金属管を伝って起こる配管の外部腐食、浴室ユニットでは洗い場トラップ部の脱落による漏水などがある。最近では、排水管清掃時の高圧洗浄用ステンレスホースの抜き差しで、排水管継手内面の溝状損傷が原因と思われる漏水も起きている。

　一方、近年住宅の気密性の向上によって外部からの騒音が少なくなってきた半面、内部で発生する設備の騒音が気になるようになってきた。なかでも、上階からの排水騒音のトラブルが増えている。排水立て管が共用部のパイプスペースに収納されている場合にはよいが、住戸内の寝室近くを貫通する場合には排水流下音が問題となる。

　共用排水立て管の騒音を防止する方法としては、①まずは共用排水管の近くには寝室などは配置しないこと、②共用排水管が納められているパイプシ

ャフトの仕切り壁の遮音性能を高めること、③排水立て管のスラブ貫通部の継手とスラブとの間に緩衝材を挿入し、排水騒音が床スラブに直接伝播しないように工夫することなどの建築的工夫のほかに、④排水立て管や横引き管に遮音シートを巻きつけること、⑤遮音性配管を使用するなどの設備的工夫がとられている。

(3) 点検口・掃除口の設置

設備機器は使用中に種々の不具合を起こすことがあるが、早期に発見して対処することが被害の拡大を防ぐことにつながる。そのために各機器の点検、配管接続部の点検、清掃のための掃除口の設置は重要なことである。

台所では、給水給湯用配管接続部の点検、流し排水管脚部のエルボ（90°曲がり）部の点検、ビルトインされた食器洗い乾燥機の配管接続部の点検、ディスポーザ使用の場合のトラップ部及び掃除口の設置などに留意する必要がある。

浴室まわりでは、浴室ユニット床下の配管をのぞくことができる床点検口を脱衣場床などに設置し、ユニット下面の漏水や漏水痕を確認できるようにすることが重要である。ユニット内では給水・給湯管の接続部の点検口、天井面には換気扇及びダクトの漏気、ダクト内の結露水の溜まり具合などを確認できる点検口の設置が必要である。

特に、洗濯機が置かれる防水パンからの溢水や漏水は、気がつきにくく長期にわたりスラブ面に水が溜まりプール状になり、下階住戸への甚大な漏水被害につながる事例が増えている。ドラム型のビルトイン洗濯機を採用するときは、トラップの清掃が容易で、排水状況が簡単に確認できるような工夫が重要である。

コラム7　トラップの原理と破封の種類

住宅内の排水器具、例えばキッチンのシンク、洗面ボール、浴室の洗い場、便器など、排水口がある所には必ずトラップがある。このトラップは排水口から排水管に流れ込むところに取り付けられていて、形はそ

れぞれ異なっているが原理は同じである。トラップの原理図は図1のとおりである。

　排水が流れる通路に一定の深さの水が溜まるようになっている。これを「封水」という。重要なことはこの封水の深さが50mm以上と一定であることである。これを「封水深」といっている。室内の気圧と排水管内の気圧差が±400Pa以内であれば、封水がトラップ内で振動するだけでなくなることはなく、室内と排水管内の空気が連通せず、臭いや害虫が室内に入らないということになる。この封水が何らかの理由でなくなることを「破封」という。破封が起きる原因には図2に示すように、①洗面ボールなどに溜めた水を一気に流すとき、残るべき封水がサイホンの力で流れ切ってしまう場合（自己サイホン現象）、②排水管内の気圧が変動し、封水が吸い込まれたり、飛び出したりする現象（誘導サイホン現象）、

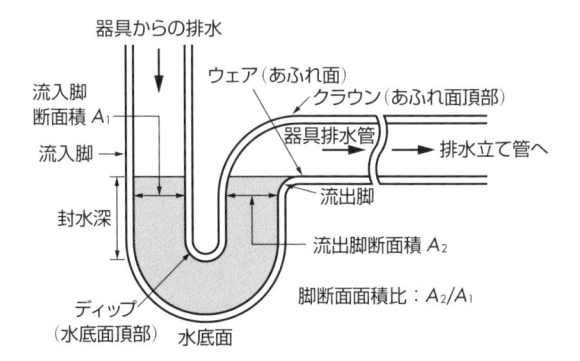

図1　トラップの原理図

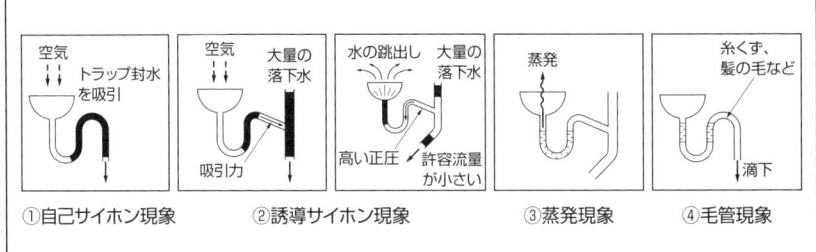

図2　トラップの破封が起きる原因

③長い間排水をしないために、溜まった封水が蒸発してしまう現象（蒸発現象）、④トラップ内に糸くずなどが引っ掛かり、毛細管となり封水を流してしまう現象（毛管現象）などがある。封水がなくなっていることがわかったときは、差し水をすることによりトラップ機能を回復することができる。頻繁に破封が起きるときは①②の現象が疑われるので、専門家に相談するのがよい。

6.4　共用設備の改修

(1) 直結増圧給水方式への改修

　従来、集合住宅では高置水槽方式（図6.1）が多く採用されていた。家族構成が変化し給水使用量が減少して受水槽や高置水槽に貯水された水が長期に滞留したり、水槽の定期清掃が履行されないなどの衛生上の観点から、水道水を増圧し直接各住戸へ送水する直結増圧給水方式（図6.3）が新築・リフォームを問わず採用される例が増えてきている。

　直結増圧給水方式の採用に当たっては、水道本管への接続口径、建物内の既設配管の劣化状況と継続使用等に関する条件は自治体によって異なっているため事前の確認と協議が必要である。

(2) 給水管の更新と更生

　築後約20年を経過する頃から給水管の劣化が目立つ。劣化状況は竣工時の使用管材や水道水の水質などによって異なるが、改修は専用部の配管と共用部の配管によって進め方は異なる。

　管理組合が行う大規模修繕における給水配管の改修は、水道引込み管、受水槽から高置水槽までの揚水管、高置水槽から住戸水道メーターまでの給水管のいわゆる共用管を対象に行われる。共用配管については、一斉に実施することが可能であるが、住戸内の専用給水管改修は、床や壁などの解体を伴うことも多く、各戸の事情が複雑で一斉に行うことは難しく、むしろ各住戸ごとの改修時に合わせて戸別に行うことが現実的となる。

　改修の方法は、配管を新管にする更新工法と、配管の内部の錆を研磨し内

部に樹脂膜を塗布する更生工法とがある。更新工法を採用する場合には、既設配管より寿命グレードを高めた、ライニング鋼管やステンレス鋼管などが選択される。更生工法は、公的な第三者機関で技術評価を受けた工法を選択するが、10年程度の延命措置と位置づけられることが多い。また、共用配管を更生工法で改修する場合には、専用配管部の配管についても、同時に更生工法で改修する場合もある。

(3) 排水配管の更新と更生

築後30年近くなると、排水管の劣化問題に直面する。排水管の改修の範囲は、排水立て管、排水横主管などの共用配管の改修、住戸内の排水横枝管などの専用配管の改修に分かれる。住戸内排水横枝管の改修は、給水管同様に各住戸のリフォームに合わせて行うことが一般的である。

排水立て管の更新は、共用部に面したパイプスペースに設置されている場合は比較的容易に更新が可能であるが、住戸専用部に設置されている場合には住戸内の床や壁の除去や排水器具の移動などの道連れ工事や、トイレなどの排水制限が多く発生して、大掛りな工事になることが多い。同様に、排水立て管脚部から屋外にかけての排水横主管部が、ピット内ではなく1階住戸のスラブ下に埋設されている場合などには、更に工事費が嵩むことがある。この対策のために、品確法(住宅の品質確保の促進等に関する法律)の住宅性能表示制度の維持管理・更新への配慮項目で、特に排水管の共用部への設置や、更新のための配慮などについて基準を定めている(図6.10)。

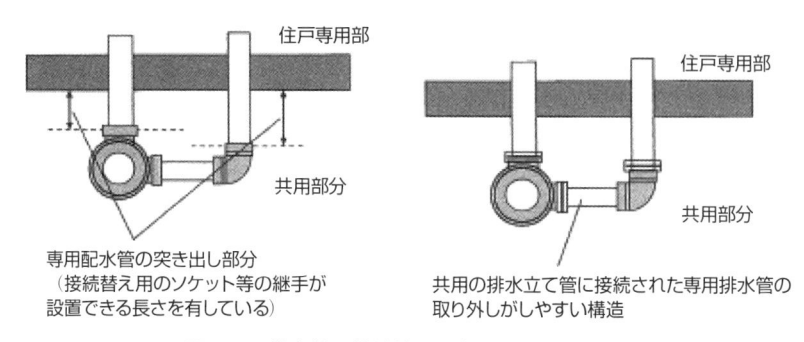

図6.10　排水管の接続替えを容易に行う措置例
(国土交通省住宅局住宅生産課監修：日本住宅性能表示基準・評価方法基準技術解説、工学図書)

表6.5 排水管の更新工法と更正工法の比較

項目＼工法	更新工法	評価	更生工法	評価
工法の概要	既設の管を取り替える 配管は竣工当時の状態に戻る	－	既設管の内面の錆を除去し、ライニング材を塗布する	－
耐久性	配管の管種によって異なるが、約20〜30年	◎	工法によって異なるが、保証は5〜10年	△
実績	多い	○	比較的歴史は浅い	△
工事期間	建築工事を伴う 戸当たり1週間程度	△	工法によって異なるが、戸当たり1日	◎
工事費	更生工事に比較して内装工事が発生し、イニシャルコストは高い	△	建築等の付帯工事は少ない	○
生活支障	1週間程度、作業員の入室を伴う配管取替え時、排水制限あり	△	工法によって異なるが、入室は1日。排水制限も1日	◎

◎：優　○：良　△：可　－：対象外
出典：マンションの給排水衛生設備再生の手引き、JAFIA、2008

　排水管についても、近年更生工法が開発され普及を始めている。特に住戸内に排水立て管がある場合には内装の道連れ工事が軽減され、また排水制限時間の短縮などのメリットが生まれる（表6.5）。

参考文献
1) 都市再生機構 技術・コスト管理室設備計画チーム：'ING REPORT 機 第4版、2011.3
2) マンション管理センター：長期修繕計画の見直しの手引き、2004.11
3) 住宅リフォーム・紛争処理支援センター：マンションリフォーム実務者必携 2012下巻、2012.3
4) 国土交通省住宅局住宅生産課監修：日本住宅性能表示基準・評価方法基準 技術解説、工学図書、2010

おわりに

　本書は、当センターにおいて実施しているインテリアプランナー更新講習のテキストにおいてインテリア新技術の一つとして取り上げた「構法」の記載内容をもとに、インテリアプランナー資格制度の普及の一環として、「集合住宅のインフィル研究会（代表：南一誠氏・芝浦工業大学）」の方々に、改めて加筆・執筆いただいたものです。発刊に当たっては、専ら集合住宅のインフィルの改修に焦点をあて、より具体的に改修の手法等について国内外の事例を含めて紹介し、今後、社会的に求められる建築物及びインテリアに係るストック活用、リフォーム、リノベーション等の新技術の考え方、事例等について記載しています。また、建築・インテリアの設計技術者・施工技術者等から、建築・インテリアを学ぶ学生、インテリアに興味を持つ一般の方々まで幅広く理解し、興味を持っていただけるように、平易な表現となるように努めるとともに、事例やデータを増やして参考となるように努めています。

　インテリアプランナーをめぐる状況としては、社会的にストックの時代といわれ、安全性や快適性、環境に配慮した生活空間の創造が求められ、リフォーム、維持・管理等の需要が拡大してきているところでもあり、生活空間としてのインテリアの設計等に深く関わるインテリアプランナーの役割の重要性は今後益々高まっていくと考えられます。このような状況を踏まえ、インテリアプランナーが社会的要請に応え一定の役割を担うために、制度の活性化に向けた見直しに着手したところであります。

　本書が建築・インテリアに関わる技術者だけでなく、これから建築士・インテリアプランナー等を目指す若い方々、さらには一般の方々にもインテリアに興味を持ってもらう機会となれば幸いです。

平成26年3月

　　　　　　　　　　　　　　公益財団法人 建築技術教育普及センター

集合住宅のインフィル改修──インテリアの新技術

2014年3月10日　第1版第1刷発行

編著者　公益財団法人 建築技術教育普及センター
　　　　集合住宅のインフィル研究会 ©

発行者　浅野　宏

発行所　公益財団法人 建築技術教育普及センター
　　　　東京都中央区京橋2-14-1
　　　　電話(03)5524-3105　FAX(03)5524-3106

発売元　株式会社 井上書院
　　　　東京都文京区湯島2-17-15　斎藤ビル
　　　　電話(03)5689-5481　FAX(03)5689-5483
　　　　http://www.inoueshoin.co.jp
　　　　振替00110-2-100535

装　幀　藤本　宿

印刷所　秋元印刷所

ISBN978-4-7530-1588-7　C3052　　Printed in Japan

・本書の複製権・翻訳権・上映権・譲渡権・公衆送信権（送信可能化権を含む）は株式会社井上書院が保有します。
・JCOPY〈(社)出版者著作権管理機構 委託出版物〉
本書の無断複写は著作権法上での例外を除き禁じられています。複写される場合は、そのつど事前に、(社)出版者著作権管理機構（電話03-3513-6969、FAX03-3513-6979、e-mail：info@jcopy.or.jp）の許諾を得てください。